De Essentie

Char Margolis

De Essentie

Spiritueel leven voor iedere dag

met medewerking van Victoria St. George

Carrera, Amsterdam 2008

Voor het fragment uit *Paradise Lost* van John Milton is de vertaling van Alex Gutteling gebruikt, uit *Het Paradijs Verloren*, Wereldbibliotheek, onvoltooid.

Voor het gedicht van e.e. cummings is een vertaling van Simon Vinkenoog gebruikt.

Oorspronkelijke titel: *The Essence, Living in Spirit Every Day*
© Char Margolis
© Vertaling uit het Amerikaans: Daniëlle Stensen en Marion Drolsbach
© Nederlandse uitgave: Carrera, 2008
Omslagontwerp: Nanja Toebak
Foto omslag: © Nick van Ormondt

ISBN 978 90 488 0138 1
NUR 728
www.char.net
www.spiritueelleven.com
www.spiritueelvooriederedag.nl

Carrera is een imprint van Dutch Media Uitgevers bv

Dit boek is opgedragen aan
de Essentie in ons allen

Inhoudsopgave

Voorwoord

Lieve vrienden,

Het is voor mij moeilijk te bevatten dat ik zes jaar geleden voor het eerst bij jullie thuis werd verwelkomd. Intussen zit ik in het tiende seizoen van mijn tv-show. Het Nederlandse volk heeft me met open armen ontvangen. Ik ben dankbaar dat ik mijn genezende werk in Nederland met jullie mag delen. Jullie hebben een speciaal plaatsje in mijn hart ingenomen. Ik heb erg geboft dat ik ben aanvaard in een land dat zo ruimdenkend is en meer dan de meeste andere landen begrijpt hoe belangrijk de kwaliteit van het bestaan is en wat er werkelijk toe doet. Liefde is de brug die ons met de geestenwereld verbindt, maar ook de brug die mij met jullie verbindt.

Bedankt dat jullie mij in staat hebben gesteld anderen te helpen en tegelijkertijd de kans hebben gegund mijn roeping hier op aarde te vervullen. Ik wens jullie de wijsheid om jullie leiding met de grootst mogelijke goedheid en liefde te aanvaarden, in de wetenschap dat jullie dierbaren in de geestenwereld alleen het beste voor jullie willen. Mogen jullie met jullie Essentie verbonden worden en oprechte rust ervaren.

Met diepe waardering en liefde,
Char

I

Ontdek je ware zelf

'Wie ben ik?'

'Waarom leef ik?'

'Wat is het doel van mijn bestaan?'

'Waarom moeten de mensen van wie ik hou sterven, en zal ik ze ooit nog terugzien?'

'Waarom moet ik zelf sterven, en wat gebeurt er wanneer het zover is?'

'Is deze wereld het enige wat er bestaat of is er nog meer?'

'Waarom is er zoveel verdriet en slechtheid in de wereld?'

'Bestaat God echt?'

Als spiritueel medium hoor ik al dertig jaar lang dergelijke vragen van duizenden mensen: van cliënten, vrienden, familieleden, publiek bij mijn tv-shows en mensen die naar mijn signeersessies komen of die ik op straat tegenkom. Zelf heb ik die vragen ook gesteld, vooral in tijden van leed en emotionele nood. Ook ik heb veel verdriet gehad om het verlies van dierbaren, en gevoelens van schuld en spijt over iets wat ik heb gedaan of nagelaten. En zoals de meeste mensen heb ik getwijfeld aan de wijsheid van een God die hongersnood, genocide en leed toelaat in de wereld.

Toch is er één ding waar ik niet aan twijfel en dat ik zelfs met absolute zekerheid weet: dat we na ons korte verblijf op aarde verder leven. Onze ziel bestaat al voordat we worden geboren en onze geest gaat niet dood wanneer ons lichaam ermee ophoudt. Dat weet ik, omdat het mijn levenswerk is mensen op aarde in verbinding te brengen met de geesten van hun overleden dierbaren. Dat is bijzonder dankbaar werk. Ik heb vreugde en verbazing zien verschijnen op de gezichten van vaders, moeders, zonen, dochters, broers, zussen, kleinkinderen, echtgenoten of goede vrienden toen ze via mij boodschappen kregen die alleen afkomstig konden zijn van mensen die waren overgegaan. Ik ben getuige geweest van de genezende en troostende uitwerking bij het besef dat hun dierbaren er nog steeds zijn, nog altijd om hen geven en ondanks de diepe kloof van de dood nog met hen verbonden zijn.

Onlangs heb ik dat in een van mijn tv-programma's meegemaakt. Thoms vrouw Mariska was twee jaar daarvoor gestorven en hij was nog diepbedroefd. Ik ben naar zijn woning in Amsterdam gegaan om hem een reading te geven. Wanneer ik een reading geef, krijg ik meestal letters door van namen van zowel levende als overleden dierbaren. Op die manier stel ik me open voor de unieke energie die iedere geest bezit. Binnen een paar minuten kreeg ik de naam door van Thoms vader, die nog leefde, en daarna van Maria, zijn schoonmoeder.

'Maria is bij Mariska en ze helpt haar om door te komen,' zei ik. 'Nu laat Mariska me iets zien wat om je hals hangt. Wat is het?'

Thom trok een hanger onder zijn hemd vandaan. 'Hier zit haar as in,' legde hij uit.

'Ze weet dat je het draagt. Ze heeft het ook over een collega van je die musiceert. Ze was muzikante, hè? Speel je zelf ook?'

Thom zuchtte. 'Vroeger wel, maar na haar dood ben ik ermee gestopt.'

Het was duidelijk dat hij nog steeds veel verdriet had.

'Ik weet dat er een deel van jou samen met haar is gestorven, maar het doet haar verdriet dat je niets meer met muziek doet,' zei ik. 'Ze zegt dat je geweldig veel talent hebt, en dat het haar dichter bij je zou brengen als je weer creatief wordt. Ze zegt dat er muziek is die je móet componeren.'

'Ik heb wel eens iets gecomponeerd en uitgevoerd, maar dat is al een poosje geleden,' beaamde hij.

'Nu laat ze me iets zien wat met een hart te maken heeft.' Ik tikte op mijn borst. 'Hadden jullie een bepaald teken met een hart?'

Hij dacht even na en knikte toen. 'Ik heb een speciale tatoeage voor haar laten zetten met haar initialen. Hoe wist je dat?' Hij trok zijn hemd op om me een tatoeage te laten zien op dezelfde plek als waar ik op mijn eigen borst had getikt.

Maar Mariska was nog niet klaar. 'Heb je iets op haar hart gelegd of in haar zak gestopt toen je haar liet cremeren? Iets wat alleen jij wist?' vroeg ik.

Hij keek verbluft. 'Ik heb een foto bij haar neergelegd, vlak boven haar hart. Dat heb ik op het crematorium gedaan, zonder dat iemand het zag.'

'Ze zegt: "Als je het bewijs wilt dat ik nog steeds bij je ben: jouw foto ligt op mijn hart, maar niemand weet dat."' Ik glimlachte en zei tegen hem: 'Ze zegt ook dat ze verschrikkelijk kwaad zal worden als je niet als de donder gaat componeren!'

De band die we met onze dierbaren hebben, is een van de sterkste krachten in het heelal. Voor de meesten van ons maakt die een belangrijk deel uit van ons leven, en zo hoort het ook. De liefde sterft immers niet. De reading was een grote troost voor Thom, want hij wist nu dat zijn dierbare vrouw nog leefde, nog steeds met hem verbonden was en over hem waakte. Ze wachtte op hem totdat zijn tijd zou komen om over te gaan. Het gaf hem ook een kosmisch zetje om zich weer op het leven te richten en er het beste van te maken zolang hij nog hier op aarde was.

Alleen met het hart kun je goed zien. Het wezenlijke is voor de ogen onzichtbaar.

ANTOINE DE SAINT-EXUPÉRY

Ik beschouw het als mijn roeping op aarde om mensen het bewijs te leveren dat hun dierbaren ook na hun dood bij hen zijn, zodat ze weten dat er méér is dan alleen dit leven, en dat we allemaal voor eeuwig zullen voortleven en liefhebben. Ruim dertig jaar lang heb ik mijn leerlingen ingeprent: 'Het leven is een leerschool', 'Koester je dierbaren elke dag', 'Leef zo dat je geen spijt zult krijgen', 'Je maakt deel uit van iets wat veel groter is dan jij alleen' en 'Je kunt de universele energie van goedheid, wijsheid en liefde aanboren om problemen te voorkomen en je leven te sturen'. De kern van mijn werk omvat echter meer dan mensen met hun overleden dierbaren in contact brengen of bewijzen dat er leven is na de dood. Het belangrijkste aspect van mijn roeping is mensen leren hoe ze hun eigen intuïtie kunnen ontplooien, hun eigen innerlijke wijsheid, het aangeboren gevoel waarover we allemaal beschikken, dat met alles is verbonden, waaronder de geest van onze overleden dierbaren. Maar minstens even belangrijk is mijn streven mensen bewust te maken van de universele wijsheid, goedheid en liefde die alles en iedereen met elkaar verbinden. Uit die universele goedheid zijn we voortgekomen bij onze geboorte en wanneer we naar gene zijde overgaan, keren we ernaar terug.

Voordat je werd geboren, leefde je al

We zijn lichtgevende wezens. We zijn waarnemers. We zijn een bewustzijn.

DON JUAN, SJAMAAN

Aan het begin van ons leven zijn we allemaal een onderdeel van iets buiten onszelf. Ons lichaam bestaat uit het genetische materiaal van onze ouders, en negen maanden lang maken we biologisch deel uit van onze moeder, totdat we ons bij onze geboorte van haar afscheiden. Maar waar komt onze bezielende geest vandaan? Wanneer worden we het afzonderlijke 'ik'-bewustzijn van Char, Thom, Mariska of jou? En als dat 'ik'-bewustzijn bepaalt wie we tijdens ons leven zijn, wat gebeurt er dan mee wanneer het fysieke lichaam sterft? Dit zijn vragen waarmee wetenschappers en filosofen al eeuwenlang worstelen, en ik wil niet beweren dat ik ze kan beantwoorden. Elk antwoord dat door een mens is bedacht, is onvermijdelijk gebaseerd op onze menselijke (en beperkte) ervaring en ons begrip. Wel weet ik dat er een grotere waarheid is dan iemand van ons ooit onder woorden kan brengen, een waarheid die ieder van ons intuïtief en van nature kent: we zijn een onderdeel van iets wat veel groter is dan wijzelf. We zijn allemaal eeuwig op reis, en elk leven is slechts een tijdelijk stadium in onze vooruitgang. Voordat we werden geboren, leefden we al. Na onze dood blijft onze geest verder leren en zich ontwikkelen. Wie we bij onze geboorte zijn, wie we als familie kiezen (jawel, we kiezen onze ouders en onze familiesituatie) en wat we met ons leven doen, hoort allemaal bij iets wat groter is dan onze individuele ervaring gedurende één afzonderlijk mensenleven.

Ik geloof dat ieder van ons er altijd is geweest en er altijd zal zijn, omdat we deel uitmaken van God. God was er al, is er nog steeds en zal er altijd zijn, maar de goddelijke energie is dynamisch, niet statisch. Die schept het heelal vanuit zichzelf en het kijkt toe terwijl het zich ontwikkelt, uitdijt en vervolgens verdwijnt om in een nieuwe vorm weer te verschijnen. God ontwikkelt zich voortdurend, is eeuwig in beweging, maar toch altijd aanwezig. Als onderdeel van die goddelijke energie ontwikkelen wij ons ook. Ik geloof dat ieder van ons begint aan de rechterhand van God en vervolgens de menselijke gedaante aanneemt, opdat we van onze ervaringen op aarde kunnen leren en ons kunnen ontplooien. Deepak Chopra omschrijft het zo: we zijn puur Bewustzijn, dat ervoor kiest een poosje mens te worden. Tijdens die incarnatie beschikken we over een vrije wil en keuze. We worden blootgesteld aan verleidingen en beproevingen, en we maken bepaalde keuzes die ons naar het kwaad richten en andere die ons naar het goede leiden. Bij elke incarnatie is ons doel zoveel te leren en ons zodanig te ontwikkelen dat we kunnen terugkeren naar waar we zijn begonnen: aan de rechterhand van God, het toppunt van goedheid en liefde, wiens goedheid en liefde door onze inspanningen groter wordt. Die eeuwige cyclus van groei is ons doel en onze aard, want het is de aard van het goddelijke om zich voortdurend tot een almaar grotere perfectie te ontwikkelen.

In het rijk van de eeuwigheid heeft ieder van ons een ziel, een energiek wezen dat de lessen en ervaringen van al onze periodes op aarde registreert en ervan profiteert. De ziel is er om te leren en in goedheid, wijsheid en liefde te groeien. Maar hoewel een ziel in het eeuwige rijk vorderingen maakt, vindt de grootste vooruitgang hier op aarde plaats. Dat is de reden waarom we worden geboren en vele levens doorlopen: de aarde is onze school en hier leren we onze belangrijkste lessen. Wanneer onze ziel ervoor kiest om op aarde te komen en geboren te worden, worden we wat ik een geest zal noemen. Elke geest heeft een unieke energie-'vingerafdruk', gebaseerd op zijn ervaringen in elk vorig leven. Van die unieke energie worden we ons gewaar wanneer een dierbare een kamer binnenkomt en we meteen weten wie het is, zonder dat we hem zien of horen. Onze energie-'vingerafdruk' blijft ook na onze dood bestaan. Dat is in feite wat ik doorkrijg wanneer ik de aanwezigheid van een dierbare overledene aan gene zijde waarneem. Een deel van ons blijft altijd bij de ziel in de geestenwereld, ook als we zelf hier op aarde incarneren. Voor mij is het net zoiets als dromen. Wanneer we dromen, bevindt een deel van ons zich in de droom, die we heel bewust ervaren. Het deel in de droom beleeft die als de 'werkelijkheid'. Toch ligt een ander deel van ons gewoon in bed te slapen, kennelijk zonder zich bewust te zijn van de omgeving, tenzij iemand ons wakker maakt. Twee delen van hetzelfde wezen, twee delen van ons bewustzijn, die op hetzelfde ogenblik naast elkaar bestaan, die verbonden zijn maar geen besef hebben van de band: zo zie ik de eeuwige verbinding tussen de geïncarneerde geest en de eeuwige ziel.

We incarneren als veel verschillende geesten in talloze gedaanten: mannen, vrouwen, dieren in allerlei soorten, maten en kleuren en met uiteenlopende capaciteiten. In die gedaanten worden we geconfronteerd met de lessen die het leven ons leert: liefde, verraad, verleiding, schuldgevoelens, de juiste keuzes maken, enzovoort. In elk leven worden we er ook telkens aan herinnerd dat we niet alleen een lichaam zijn, maar ook een geest die deel uitmaakt van iets eeuwigs. Wanneer het lichaam sterft, keert de geest als intelligente energie terug naar zijn eeuwige vorm. Je kunt je de geest voorstellen als een sneeuwvlok. Elke sneeuwvlok is uniek en wordt gevormd door waterdamp in de atmosfeer die bevriest en vaste vorm aanneemt. De sneeuwvlok valt op de aarde, waar hij smelt en weer in water verandert. Uiteindelijk verdampt het water en stijgt op naar de wolken, waarna de cyclus zich herhaalt. Je ziel neemt net zoals die sneeuwvlok een unieke en mooie gedaante aan als geest, zodat hij op aarde kan komen. Wanneer je sterft, neemt je geest opnieuw zijn oorspronkelijke verschijningsvorm aan en voegt zich bij de ziel aan gene zijde. Dat betekent echter niet dat hij zijn unieke energie of de band met zijn dierbaren kwijtraakt. Ook na de dood blijft de geest geven om vrienden en familieleden hier op aarde en om hen die al zijn overgegaan, want de liefde sterft nooit. Onze geest vormt een deel van een enorm web van liefde dat de grenzen van de dood overschrijdt en dat van het ene tot het andere leven voortduurt. Dat web van liefde en verbondenheid is de reden waarom we de aanwezigheid van onze dierbaren kunnen voelen nadat ze zijn heengegaan. Dat verklaart ook waarom stervenden hun dierbaren vaak met open armen op hen zien wachten. De voortdurende verbondenheid is de reden dat we soulmates hebben, mensen van wie we leven na leven blijven houden. Door dat web van liefde kan ik me (net als jij) openstellen voor de geesten aan gene zijde en hun boodschappen doorgeven aan hun dierbaren op aarde.

Wanneer we overgaan, zien we op het moment dat we overlijden in een flits ons leven aan ons voorbijgaan. We zien onze gedachten en daden door de ogen van de waarheid en goedheid. (Tijdens hun leven kunnen mensen de waarheid verdringen, maar in het hiernamaals kunnen ze er niet aan voorbijgaan.) We zien zowel wat we hebben geleerd, als de lessen waarvan we niets hebben opgestoken. Daarna versmelt onze geest weer met onze ziel, waardoor de ervaringen van dat leven worden toegevoegd aan de herinneringen van alle levens die we in de loop der tijd hebben doorlopen. Elk leven is een kans om hoger te komen of om karma op te bouwen dat moet worden opgeruimd voordat de ziel verder kan gaan. Om die reden zeg ik: het leven is een school en we zijn hier om te leren. Als we onze lessen goed leren en groeien in goedheid, wijsheid en liefde, wordt onze ziel almaar verfijnder: hij vibreert dan op een hoger niveau. Een ziel die op een hoger niveau vibreert, kan zich ontwikkelen tot een beschermengel of ervoor kiezen terug te keren als een hoogstaand wezen dat ons met zijn voorbeelden inspireert. Heeft onze ziel niet al zijn lessen geleerd of moet hij zich nog verder ontwikkelen, dan gaat hij terug naar 'school' – de aarde – en incarneert opnieuw als geest. Als een geest op aarde opzettelijk schade veroorzaakt of op andere wijze kwaad aanricht, wordt ook die energie aan onze ziel toegevoegd, die dan op een lager niveau gaat vibreren. Alleen door te reïncarneren, kan hij het nog goedmaken. Dat noemen we de wet van het karma: wat je in het ene leven zaait, zul je in het volgende oogsten. Pas wanneer je voor het oude karma van slechte daden hebt geboet, kan je ziel zijn ontwikkeling voortzetten.

De ziel is tijdloos. Hij is een spiritueel deel van de hele schepping, gevormd uit de liefdevolle energie die ons allen heeft geschapen.

HOWARD F. BATIE

Als het doel van de geest is om in elk leven te leren en zich te ontwikkelen, en als het doel van de ziel eruit bestaat de wijsheid van de ervaring van elke achtereenvolgende geest in zich op te nemen en te gebruiken om zijn goedheid, wijsheid en liefde te vergroten, wat gebeurt er dan wanneer de ziel geheel vervuld is met die energie? Wat is het eindstadium van de ontwikkeling van onze ziel? Ik geloof dat het is erachter te komen wie we werkelijk zijn: manifestaties van de intelligente, liefdevolle energie waaruit het universum bestaat. We maken allemaal deel uit van het universele bewustzijn, een verbonden energie die op elk moment werkelijkheid creëert. Deze energie bevat goed en kwaad, groot en klein, het universum en elk verschijnsel dat zich daarbinnen bevindt. Het was er al voor het begin van de tijd en zal blijven bestaan na het einde ervan. Die energie kent verschillende namen: *qi* of *chi* (Chinees), *prana* (Indiaas), *mana* (Polynesisch), *ni* (indiaans), *num* (Afrikaans), levenssap, veld van oneindige mogelijkheden, oersoep, levenskracht, spirituele energie, enzovoort. Hierbij gaat het niet enkel om universele, onbewuste energie: ze is zowel intelligent als weldadig. Ze is zowel datgene waaruit wij zijn ontstaan als een kracht die het beste met ons voorheeft. Religieuze leiders en filosofen hebben die energie gepersonifieerd tot God, Jahweh, het Opperwezen, de tao, atman, Allah, universeel bewustzijn, het Licht, het Goddelijke, de Eenheid, de Overziel en wel duizend andere namen die elke beschrijving tarten. Ik geloof daarin. Zelf heb ik die universele, liefdevolle goedheid 'de Essentie' genoemd. Het is immers de kracht die de kern vormt van elk schepsel, elke ervaring, elk blad, elke ster, elk atoom en elk melkwegstelsel. Het is ook de essentiële waarheid over wie we zijn.

De Essentie is essentieel

Elke druppel water en elk korreltje zand bevat iets wat het menselijke begrip niet kan bevatten of doorgronden.
GEORGE BERKELEY, IERSE BISSCHOP EN FILOSOOF

Het woord 'essentie' is afgeleid van het Latijnse *esse*, dat 'zijn' betekent. In woordenboeken wordt essentie omschreven als de elementaire, werkelijke en onveranderlijke aard van iets of zijn voornaamste afzonderlijke kenmerk of kenmerken: het belangrijkste deel of de meest onderscheidende eigenschap. In de filosofie wordt 'essentie' opgevat als de innerlijke aard, ware kern of gesteldheid van iets, in tegenstelling tot datgene wat toevallig, waarneembaar, denkbeeldig is. De Essentie is essentieel: het bestanddeel dat iets zijn kenmerkende eigenschap verleent en bij het ontbreken waarvan dat 'iets' anders zou zijn.

Ik gebruik het begrip 'Essentie' voor de fundamentele, levende, intelligente, liefdevolle energie waaruit het hele universum en alles daarbuiten bestaat. Deze liefde, goddelijke energie en wijsheid, die de atomen kan voeden en van gene zijde tot ons spreekt, is wie we werkelijk zijn. Het is een energie die zich niet laat vastleggen in een naam, omdat ze de woorden of begrippen die ons beperkte menselijk verstand kan creëren te boven gaat. Al eeuwenlang hebben dichters en filosofen uit alle grote religieuze en spirituele tradities die levende, intelligente Essentie proberen te beschrijven. In psalm 111 zegt David over de daden van de Heer dat ze 'majesteit en heerlijkheid' zijn en dat Hij 'rechtvaardig', 'genadig' en 'barmhartig' is. In Johannes 1:9 wordt de Essentie beschreven als 'het waarachtige Licht, Hetwelk verlicht een iegelijk mens.' In de *Bhagavad Gita* wordt ze afgeschilderd als 'de smaak van water, het licht van de zon en de maan, het geluid in de ether en het kunnen van de mens; de oorspronkelijke geur van de aarde, de hitte van het vuur, de intelligentie van de intelligenten en de kracht van de sterken': een energie die in alles schuilt en tegelijkertijd zelfstandig bestaat. De *Tao Te Ching* noemt de tao 'de moeder aller dingen'. Zenboeddhisten beschouwen de Essentie als een toestand van puur zijn: onverdeeld, eeuwig en heilig. Op de allereerste bladzijde van de Koran wordt Allah, wat letterlijk 'de Goddelijke' betekent, barmhartig en genadevol genoemd. Allah schept en onderhoudt alle dingen en zorgt ervoor dat ze in een volmaakte toestand zijn.

Je ziel en je geest bestaan allebei uit deze essentiële energie. Zelf ben je eenvoudig een deel van de Essentie dat ervoor heeft gekozen om op dit punt van de tijdruimte een menselijke gedaante aan te nemen. Herinner je je de sneeuwvlok nog, dat mooie en unieke verschijnsel, dat ontstaat in een wolk en naar de aarde zweeft, waar het eerst in water en dan in damp verandert, en uiteindelijk opnieuw naar de wolken opstijgt? De Essentie van de sneeuwvlok is echter altijd hetzelfde: water. Telkens wanneer we als menselijk wezen incarneren, nemen we een gedaante aan en komen we gedurende een bepaalde periode op aarde om te leven, lief te hebben en onze les te leren. Na een poos verdwijnt onze fysieke gedaante en veranderen we weer in onze oorspronkelijke essentiële energie. Onze Essentie blijft altijd hetzelfde, welke gedaante we ook aannemen.

In het diepst van ons wezen, ongeacht onze onvolkomenheden, klopt met een volmaakt ritme een stille hartslag, die volstrekt individueel en uniek is, en ons niettemin met alles verbindt.

GEORGE LEONARD

Onze Essentie is altijd aanwezig, zelfs wanneer we ons daar niet van bewust zijn, omdat die overal om ons heen is. We zijn net het visje dat zijn leven lang vrolijk in een baai bij een strand rondzwom. Op een dag hoorde hij een andere vis praten over een 'oceaan'.

'Zoiets groots heb je nog nooit gezien,' zei de andere vis. 'Je kunt je niet voorstellen hoe reusachtig en geweldig het is.'

Het kleine visje wilde er meer van weten. Nieuwsgierig zwom hij weg op zoek naar de oceaan. Hij zwom zijn baai uit en diep de oceaan in, waar hij een wijze, oude vis trof.

'Kunt u me zeggen hoe ik bij de oceaan moet komen?' vroeg het visje.

'Je zwemt er al midden in: hij is overal om je heen,' antwoordde de oude vis.

'Maar dit is gewoon water,' zei het visje teleurgesteld. 'Ik ben op zoek naar de oceaan, die groter is dan iemand zich kan voorstellen.' Toen zwom hij weg op zijn eindeloze zoektocht naar de plek waar hij zich al bevond.

Volgens sommige spirituele leermeesters en tradities moeten we heel lang en heel goed zoeken, urenlang mediteren, dagenlang vasten of onze materiële bezittingen opgeven om onze Essentie te kunnen waarnemen. Ik kan je echter verzekeren dat je de Essentie al hebt ervaren. In feite ervaar je die op ieder moment, maar waarschijnlijk heb je het nooit als 'Essentie' omschreven. Net zoals het visje zwem je allang in de oceaan, zonder dat je beseft waar je precies bent. Toch kun je heel eenvoudig met de Essentie in verbinding komen door gewoon je ogen te sluiten en je te concentreren op de aanwezigheid ervan bij jezelf.

Verbinding maken met de Essentie

Sluit je ogen en concentreer je op je ademhaling. Ademen gaat vanzelf – je hoeft er niets voor te doen. Let bij het concentreren op de subtiele energie in je lichaam. Er is sprake van een levendigheid die je bewuste geest omvat, maar tegelijkertijd meer is dan alleen je gedachten of je lichaam. Die subtiele energie is de Essentie. Maak je niet druk als je haar niet kunt waarnemen. Ze is er altijd en verandert nooit, want die energie is wie je echt bent. Op den duur zal je geest zich voor je Essentie openstellen en zul je haar kunnen voelen.

We kunnen met de Essentie in verbinding komen door te luisteren naar onze innerlijke stem, die ons helpt de juiste keuzes te maken. Het contact kan tot stand komen wanneer we naar buiten gaan en genieten van de wonderen der natuur. We kunnen ook verbinding krijgen wanneer we een baby zien glimlachen, de stem van een dierbare horen of door een vriend worden omhelsd. De verbinding met de Essentie komt tot stand telkens wanneer we beseffen dat we niet alleen zijn, maar deel uitmaken van iets wat groter is dan wijzelf. Ons ware zelf zal de dood van het fysieke lichaam doorstaan, waarna onze geest zachtjes vanuit deze wereld naar gene zijde overgaat. Als we met de Essentie in contact komen, moeten we bedenken dat er in deze wereld weliswaar goed en slecht bestaan, maar dat wij hier zijn om voor het goede te kiezen. Telkens wanneer we het goede boven het kwade verkiezen, versterken we de aanwezigheid van de Essentie in ons leven. Wanneer we ons daarvan bewust zijn, is ons leven gelukkiger en volmaakter.

Op momenten van hevige emotie kan het lijken alsof we een groter bewustzijn van de Essentie ontwikkelen. Wanneer een moeder voor het eerst haar kind in haar armen heeft, wanneer familie en dierbaren zich rond een stervende scharen om afscheid te nemen, wanneer we in de ogen van onze soulmate kijken en in tijden van grote tragedie, zoals bij de terroristische aanslagen in New York, Washington, Londen, Madrid of op Bali, kunnen we de Essentie voelen die ons steunt en kracht schenkt. In tijden van vreugde kunnen we een gevoel van geluk ervaren dat het persoonlijke overstijgt en ons met iets diepers verbindt. Er zijn momenten in het leven wanneer we vertrouwen op de wil van God en zowel van binnenuit als van buitenaf waarheid en zuiverheid kunnen voelen. Bij zulke ervaringen schijnt de Essentie naar buiten als we eenvoudig bereid zijn de aanwezigheid ervan te erkennen.

Volgens rabbijn Irwin Kula is de enige manier om op zulke momenten onze emoties te uiten door uit te roepen 'O, mijn God!' – een directe erkenning van de aanwezigheid van de Essentie. Iedere keer wanneer dat gebeurt, nemen we de Essentie scherper waar en zullen we de liefde en steun die ervan uitgaat in alle mogelijke omstandigheden van ons leven kunnen voelen. De Essentie is vreugde, gelukzaligheid en een verbondenheid met alles. Het is als de lucht die je inademt: altijd aanwezig, zelden opgemerkt, maar essentieel voor het leven.

Laat je ware aard doorschijnen

We kunnen een intieme relatie fris en levendig houden door ons te richten op de liefde die we met onze partner delen, in te zien dat onze partner een geschenk in ons leven is en waardering te hebben voor de kleine dingen waarmee onze partner ons zijn of haar liefde betoont. Op dezelfde wijze kunnen we onze relatie met de Essentie voeden door er aandacht aan te besteden, ons te richten op de geschenken die ze ons brengt en door te kijken naar de manier waarop ze zich in iedere minuut aan ons openbaart. Wanneer we echter een tragisch verlies meemaken dat ons begrip te boven gaat, kunnen we ons van de Essentie afgescheiden voelen.

Ik heb eens een reading gedaan voor een jonge moeder die een van de vreselijkste ervaringen had meegemaakt die een ouder kan overkomen. Ze had haar zoontje per ongeluk op de achterbank van de auto achtergelaten. Het was een warme dag en het jongetje stierf voordat ze terug was. Toen ik de jonge moeder enkele maanden later bezocht, werd ze duidelijk nog altijd door verdriet en berouw verteerd.

Zo meelevend mogelijk zei ik tegen haar: 'Doe jezelf dit niet aan. Het was een ongeluk, geheel onopzettelijk, en je zoontje weet dat. Zijn geest is in de buurt en als hij ziet dat mama de hele tijd verdrietig is, snapt hij daar niets van. Hij is nog maar zo klein dat hij niet beseft dat hij is overgegaan. Hij is gewoon in de hemel aan het spelen en is bij je familie aan gene zijde.'

Heel even leek de moeder zich iets beter te voelen. Toen begon ze te huilen. 'Waarom heeft niemand hem gezien?' vroeg ze vertwijfeld. 'De hele tijd dat ik weg was, heeft niemand me tegengehouden of in de auto gekeken. Niemand van de kinderopvang heeft me gebeld om te vragen waar hij was. Waarom heeft mijn intuïtie me niet gewaarschuwd? Waarom heeft er geen beschermengel over mijn lieve jongen gewaakt?'

Haar man pakte haar hand vast om haar te troosten, maar het was hem aan te zien dat hij er zelf ook nog steeds kapot van was.

'Misschien heeft er wél een beschermengel over hem gewaakt,' antwoordde ik. Het kostte me grote moeite om niet zelf in tranen uit te barsten. 'Misschien heeft God Chris meer nodig dan jij hem nodig had en is hij door zijn beschermengel regelrecht naar de hemel gebracht. Sommige kinderen die al zo jong naar de hemel gaan, zijn hier maar heel kort om hun liefde met ons te delen en vertrekken dan weer. Dit was gewoon een vreselijk trieste vergissing, maar je moet het jezelf vergeven.' De moeder keek onzeker, maar de geest van haar kindje sprak onmiskenbaar via mij. 'Ik kan je vertellen dat Chris nog steeds bij je is,' verzekerde ik haar. 'Hij is gelukkig en er wordt aan gene zijde voor hem gezorgd. En ik hoop dat jullie de rust kunnen ervaren die hij mij nu op dit moment laat voelen.'

De ouders keken elkaar aan. 'Het helpt heel veel dat je onze vragen beantwoordt en dat je ons laat weten dat Chris aan gene zijde in goede handen is,' zei de vader. 'Hij was een prachtknul, bijna volmaakt, en we missen hem ontzettend, maar nu weten we tenminste dat het goed met hem gaat.'

Iets van Chris' geest moet stilletjes tot zijn ouders hebben gesproken, want je kon zien dat hun energie lichter werd.

Mijn werk om mensen zoals deze jonge moeder met hun overleden dierbaren in verbinding te brengen, kan hun troost bieden en hen helpen hun verlies te aanvaarden. Ook kan het mensen met verdriet het vertrouwen schenken dat de dierbaren die hun zijn ontvallen nog altijd leven en gelukkig zijn. Maar het hoogste doel van een reading is uiteindelijk het hart en de geest van de mensen open te stellen voor de Essentie van goedheid, wijsheid en liefde waaruit we allemaal zijn gevormd en waarin we bestaan. Zou jij je niet beter voelen in de wetenschap dat er zelfs onder de meest tragische omstandigheden een bewuste energie van goedheid, wijsheid en liefde over jou en je dierbaren zou waken? Of beter nog, hoe zou je het vinden om op een willekeurig tijdstip met diezelfde energie contact te kunnen maken? Leven vanuit de Essentie leert ons hoe we moeten omgaan met angst, crises en rampspoed. Wanneer we met onze innerlijke waarheid en goddelijkheid in verbinding staan, kunnen we onze angsten overwinnen of ze gebruiken als de waarschuwing die ze in feite zijn. Leven vanuit de Essentie betekent niet dat we immuun zijn voor de problemen van het bestaan, maar het verschaft ons wel een rots waarop we kunnen staan terwijl de golven van een crisis en catastrofe over ons heen spoelen. Zoals in psalm 23 staat: 'Al ging ik ook in een dal der schaduw des doods, ik zou geen kwaad vrezen, want Gij zijt met mij.'

Wanneer we vanuit de Essentie leven, dragen we die universele wijsheid altijd in ons hart en in onze gedachten met ons mee. Hoe meer we dat erkennen en ons ervoor openstellen, hoe meer ze zich elke dag voor ons kan manifesteren. Je Essentie is nu eens als de zon die door de wolken breekt, dan weer bestrijkt ze de hemel, en soms zal ze zich achter de wolken verschuilen. Maar vergeet nooit dat je Essentie het meest constante deel vormt van jou en mij, van ons en van je geest en je ziel. De Essentie is het deel van ons dat nooit verandert.

Intuïtie en Essentie

Intuïtie is een van de belangrijkste manieren om rechtstreeks met de Essentie in verbinding te komen. Zijn er wel eens momenten waarop je intuïtie zich laat gelden en alles je zo vertrouwd en bekend voorkomt dat je heel zeker weet dat dit de oplossing is? Precies zo raakt diezelfde vertrouwdheid ons hele wezen en worden we aan de ware zin van ons bestaan herinnerd wanneer we een glimp van de Essentie opvangen. De intuïtie is ons verbindingskanaal naar de alwetende aard van de Essentie. Wanneer we daarvan gebruikmaken om ons open te stellen, kunnen we ook de liefdevolle kant van de Essentie ervaren. En hoe meer we onze intuïtie inschakelen of met de Essentie in verbinding komen, hoe krachtiger en gemakkelijker het wordt.

Maar voordat je de Essentie kunt begrijpen en ermee in contact kunt komen, moet je eerst geloven in het bestaan ervan. En als je te veel moeite doet om de verbinding tot stand te brengen, kan het averechts uitwerken. Als je wel eens uit alle macht hebt geprobeerd te mediteren, weet je wat ik bedoel. Je kunt niet gaan zitten en denken: ik wil mediteren… Ik wil mediteren… Waarom denk ik nog? Ik wil mediteren! Dat is een probaat middel om te falen en gefrustreerd te raken. Wanneer je veel moeite doet om intuïtief te zijn of je bewust te worden van de Essentie concentreer je je op de inspanning in plaats van op het doel. Je hoeft er niets voor te doen om intuïtief te zijn en je hoeft geen moeite te doen om je van de Essentie bewust te worden, net zomin als je je hoeft in te spannen om te 'zijn'.

Tegen mijn studenten die hun intuïtie willen ontwikkelen zeg ik altijd: 'Als je er moeite voor moet doen, dan doe je het verkeerd. Wees je ervan bewust dat je intuïtief bent en doe wat nodig is om je geest leeg te maken en je lichaam en emoties te ontspannen. Stel dan je vraag, laat hem varen en geef je over aan het vertrouwen. Vaak zal je intuïtie je het antwoord geven wanneer je dat het minst verwacht.' Hetzelfde geldt voor het contact zoeken met de Essentie. Maak je geest leeg, ontspan je lichaam en concentreer je op je innerlijk. Luister naar de subtiele energie die door elke cel van je lichaam golft. Die energie is de Essentie, die altijd bij je is.

Ik heb dit boek geschreven om mensen zoals ik en de mensen die ik in de loop der tijd al van dienst heb mogen zijn, te helpen ons begrip te verdiepen en onze band met de liefdevolle, wijze, barmhartige energie van goedheid, waaruit onze ware Essentie en die van al het leven bestaat, te versterken. Ik wil niet beweren dat ik een goeroe ben of overal een antwoord op heb, maar ik heb het geluk gehad de waarheid van de Essentie te hebben ondervonden en de zegeningen ervan te hebben gevoeld. Zoals iedereen denk ik vaak niet aan mijn Essentie. Ik heb net zozeer mijn ups en downs als mijn lezers. Maar als je de waarheid en de liefde in je diepste kern hebt ervaren, als je naar je eigen innerlijke stem hebt geluisterd en gemerkt wat er kan gebeuren wanneer je zijn raad ter harte neemt, en als je in tijden van nood moed hebt geput uit het besef dat een liefde die groter is dan het heelal je in de palm van haar hand houdt, dan heb je een idee van wat me heeft geïnspireerd om dit boek te schrijven. Ik hoop dat je op deze bladzijden waarheden zult lezen die weerklank vinden bij wat je intuïtief weet, maar ook aanwijzingen om contact te kunnen maken met de Essentie in je dagelijks leven, tijdens je spirituele reis, in je relaties, in de natuur en op momenten van vreugde en verdriet, waaronder momenten van de dood. In het Nieuwe Testament heeft de apostel Johannes geschreven: 'de waarheid zal u vrijmaken'. Wanneer we de waarheid van onze eigen Essentie begrijpen en bewust vanuit dat besef leven, zullen we vrij zijn om als een gelukkiger en tevredener mens te leven, lief te hebben, te geven en hier op aarde rond te lopen.

2

De kenmerken van Essentie

Hij is de vorsende essentie
Hij is de spil van ied're ster
Hij is de sprankeling van ver
Hij is het hart van al het leven
Hij is de zin van ieder streven
En zijn geest is de hemel,
Peilloos en hoger dan het al

RALPH WALDO EMERSON

Er is een verhaal over een zoeker die naar een meester ging, omdat hij naar de Essentie zocht. 'U bent verstandig, dus u weet vast alles over Essentie,' zei de zoeker. 'Kunt u me vertellen wat Essentie is en hoe men haar kan herkennen?'

De meester dacht even na. Hoe moest hij het onbeschrijfbare beschrijven? Toen vroeg hij: 'Heb je wel eens de geur van een roos geroken?'

'Ja, natuurlijk,' antwoordde de zoeker.

'Beschrijf die dan maar eens.'

De zoeker zweeg.

De Essentie beschrijven is als praten over verliefd worden met iemand die dat zelf nog nooit heeft meegemaakt. Als kind heb je waarschijnlijk vaak liedjes gehoord waarin de liefde werd bezongen, zonder dat je begreep waar het over ging. Maar toen je zelf verliefd werd, wist je precies wat er met je aan de hand was en opeens spraken al die liedjes en gedichten recht tot je hart. In de *Hua Hu Ching* schreef Lao Tse over de tao: 'De enige manier om het te begrijpen is door het zelf te ervaren.' Je kunt op ieder moment een glimp van die ervaring krijgen als je je ervoor openstelt. Nadat je de ervaring hebt gehad, zal het geloof in de mogelijkheid dat je deel uitmaakt van de universele energie veranderen in de zekerheid dat die bestaat.

Hoewel het vrijwel onmogelijk is om de ervaring van de Essentie te beschrijven, heeft ze wel kenmerken waarmee we zulke momenten kunnen herkennen. Die kenmerken zijn als wegwijzers die ons naar een dieper bewustzijn van de Essentie in ons leven kunnen leiden.

Essentie is liefde

Er is iemand die van je houdt. Wat doet er dan verder nog toe?
EDNA ST. VINCENT MILLAY

Vaak krijg ik van mensen te horen: natúúrlijk geloof ik dat er een soort energie bestaat waaruit alles is opgebouwd, maar ik geloof niet dat het iets met mij persoonlijk te maken heeft of zelfs met de mensheid in het algemeen. Het valt niet mee je voor te stellen dat de Essentie alles en iedereen is, alomtegenwoordig en almachtig, in iedere cel en molecule van je lichaam zit en tegelijkertijd intelligent, liefdevol en wijs is. Maar wanneer je de Essentie eenmaal direct hebt ervaren, merk je dat er sprake is van een bijzonder persoonlijk gevoel van een energie of aanwezigheid, die zich om jóu bekommert. De dichter Richard Garnett heeft het zo verwoord: 'Liefde is Gods essentie; Macht slechts zijn attribuut: daarom is zijn liefde groter dan zijn macht.' De Essentie is op de eerste plaats liefdevol. Daarom zeg ik altijd dat ze je beste vriend is.

Soms denk ik dat het makkelijker is contact te maken met de persoonlijke, liefdevolle Essentie buiten onszelf dan met die vanbinnen – zoals het velen van ons makkelijker afgaat om van een ander te houden en zijn geweldige eigenschappen te waarderen dan onszelf lief te hebben. Volgens mij is een van de redenen dat er liefde op aarde is dat we de Essentie persoonlijk kunnen begrijpen en beleven. Wanneer we liefde voor een ander koesteren, zullen we uiteindelijk de liefde erkennen waaruit de Essentie bestaat.

Verbinding maken met de Essentie in een dierbare

Denk aan iemand van wie je zielsveel houdt. Het maakt niet uit of hij of zij nog leeft of naar gene zijde is overgegaan. Doe je ogen dicht en roep hem of haar. Zeg uit het diepst van je hart en echt gemeend: ik hou van je. Laat je liefde even vanbinnen vibreren en concentreer je op hoe je je voelt. Kun je de aanwezigheid van de ander bespeuren, zelfs als die niet lichamelijk in de buurt is? Kun je de subtiele energie van de liefde in jezelf voelen?

Onze liefde en onze liefdevolle gedachten houden zowel de verbinding met de Essentie in stand als met mensen aan gene zijde. Daar heb ik een prachtig voorbeeld van gezien toen ik een reading deed voor Rob, een aardige man met grijs haar, die ik op een begraafplaats in Amsterdam tegenkwam. Hij was daar om het graf van zijn ouders te bezoeken, waar hij elke maand verse bloemen kwam brengen. Zodra ik met Rob begon te praten, voelde ik de aanwezigheid van zijn vader Abraham en zijn moeder Elisabeth.

'Meestal moet ik me bij een reading verontschuldigen bij de mensen hier of bij de geesten aan gene zijde,' zei ik. 'Maar jij hebt altijd een goede, liefdevolle relatie met je ouders gehad. Je ouders hielden zielsveel van je en jij hield ook zielsveel van hen. Jullie hadden alles voor elkaar over. Nu word je thuis door de geesten van je ouders bezocht. Ze beschermen je en zorgen goed voor je.'

Glunderend keek Rob me aan. 'Dat voel ik zelf ook. Ja, ze zijn de hele tijd bij me.'

'Je bent erg gelukkig, en zij zijn blij dat jij hun zoon bent. Wat geweldig,' zei ik, terwijl ik zijn hand greep. De man straalde goedheid, liefde, rust en vreugde uit. Je hoefde hem alleen maar te zien om te weten dat hij verbonden was met de Essentie en met zijn dierbaren aan gene zijde.

Ik heb ook mensen ontmoet die volkomen afgesloten waren van hun Essentie of hun overleden dierbaren. Sommigen geloven niet in de Essentie of in een leven na de dood en daarom negeren ze de gevoelens die ze ervaren of de boodschappen die ze doorkrijgen. 'Het heelal is een toevalligheid, en zelfs als we allemaal uit energie zouden bestaan, is die volkomen onpersoonlijk,' zeggen ze. 'Dat die lamp aan- en uitging zonder dat er iemand bij was, kwam waarschijnlijk door kortsluiting. Het had in elk geval niets te maken met een geest die contact met mij zocht.' Ik heb bij sommigen van hen wel eens een reading gedaan, en dat was echt treurig. Het is alsof ze zich hebben afgezonderd van zichzelf en anderen, maar ook van de geschenken en geneugten van deze wereld en de volgende. Het doet me denken aan een verhaal dat ik een keer heb gehoord over een ongelukkige monnik die aan de abt van zijn klooster vroeg: 'Waarom is iedereen hier zo gelukkig behalve ik?'

'Omdat je monnikenbroeders hebben geleerd overal goedheid en schoonheid te zien,' antwoordde de abt.

'En waarom kan ik dat niet?' vroeg de monnik geïrriteerd.

'Omdat je het niet in jezelf ziet,' antwoordde de abt goedig.

Twee mannen kijken door dezelfde tralies naar buiten:
de een ziet de modder, de ander de sterren.

FREDERICK LANGBRIDGE

Anderen voelen zich zo ellendig, schuldig of ongelukkig dat hun beleving van gevoelens van liefde voor de Essentie of mensen aan gene zijde (maar ook vaak zelfs hier op aarde) door hun negatieve emoties volkomen wordt geblokkeerd. Ik heb een reading gedaan voor een gezin dat nog altijd treurde om de moeder die tien jaar eerder was overleden. De kinderen en de vader kwamen allemaal om me heen staan, want ze wilden dolgraag iets van hun dierbare overledene vernemen. Binnen enkele ogenblikken gaf ik hen de namen van alle kleinkinderen in de familie. 'Jullie moeder is heel blij met haar kleinkinderen!' zei ik. Daarna noemde ik haar naam, Susanna. 'Ze zegt dat ze een paar keer aan jullie kinderen is verschenen. Heeft een van hen misschien verteld dat ze oma heeft gezien, dat oma even kwam spelen?'

De dochter slaakte een kreet. 'Ja! Mijn dochter zei dat ze oma met een witte jurk aan in haar kamer zag zitten.'

'Susanna waakt over haar kleinkinderen en helpt jou, maar ze wil dat jullie niet meer zo verdrietig zijn om haar dood,' zei ik resoluut. 'Daardoor heeft ze het te moeilijk in de hemel. Ze wil jullie laten weten dat ze bij jullie is en geeft jullie tekens, maar jullie luisteren vaak niet. Ze wil dat jullie allemaal gelukkig zijn en weten dat ze een engel is die vanuit de hemel over jullie waakt.'

Het was alsof de hele familie een zucht van verlichting slaakte. Er werd veel geglimlacht en gehuild terwijl ze me omhelsden en me bedankten omdat ik hun moeder haar zegje had laten doen. Een paar weken later schreven ze: 'We geloofden nooit in het paranormale of in communiceren met mensen na hun dood, maar nu wel. Jij hebt ons als familie dichter tot elkaar gebracht. Nu zijn we ons voortdurend bewust van de liefde van mama.'

Susanna had uit alle macht geprobeerd haar aanwezigheid aan

haar gezin duidelijk te maken, maar hun verdriet was te groot. Daarom is het voor geesten van overledenen vaak makkelijker om met kinderen te praten: zij hebben minder emotionele en psychologische ballast die de communicatie blokkeert.

De energie van onze dierbaren kan duidelijker doorkomen wanneer onze eigen emotionele of psychische energie niet in de weg zit. Hetzelfde geldt voor ons besef van de Essentie. Als we ons helemaal op onze problemen, verdriet of trauma's richten, kunnen we het 'stille stemmetje' van de Essentie niet horen. Dat is een van de redenen waarom ik zo'n voorstander ben van psychologische en emotionele hulpverlening en therapie. Je kunt het vergelijken met een auto waar je mee naar de wasstraat gaat als die na een rit door een zware storm onder de modder en het stof zit. Je kunt pas vooruit als je de ramen hebt schoongemaakt en er geen vuil in de motor zit. Zodra de auto vanbinnen en vanbuiten schoon is, kun je de weg zien en je tocht hervatten. Zo kan het ook nodig zijn dat mensen hun verstand en emoties schoonmaken door middel van therapie om de waarheid van hun eigen goddelijke aard te kunnen zien. We staan er geen van allen alleen voor. We kunnen de hulp die hier op aarde beschikbaar is zoeken en aanvaarden om onze emoties te verwerken en onze gekwetste psyche te genezen, zodat we ons op onze Essentie kunnen richten en weer verder kunnen.

Essentie is puur en onschuldig

Zalig zijn de reinen van hart; want zij zullen God zien.
MATTEUS 5:8

Howard F. Batie heeft eens geschreven: 'Kinderen, die nog maar kortgeleden op spiritueel niveau hebben geleefd, herinneren volwassenen aan een tijdloze band met de liefde en wijsheid van de spirituele wereld.' Baby's staan nog dicht bij de Essentie. Hun energie is onschuldig en zuiver. Daarom reageren de meesten van ons emotioneel op een baby. Zelfs wanneer hij huilt of lastig is, hebben we medelijden met hem en willen we hem helpen. Een baby heeft onze liefde nodig en beantwoordt die onvoorwaardelijk. Dat geldt in feite voor de jongen van vrijwel alle diersoorten. Hoe reageren we bij het zien van een jong hondje of katje? Zelfs de jongen van wilde dieren zoals wolven, leeuwen of tijgers kunnen liefde en tederheid bij ons opwekken. Wetenschappers mogen beweren dat het domweg een kwestie is van een 'biologisch noodzakelijk' instinct tot overleving van de soort die ons ertoe beweegt jongen te beschermen, maar ik geloof dat er nog iets anders bij komt. De onschuld en prilheid die de jongen van elke soort uitstralen, vormen een weerspiegeling van datzelfde kenmerk van de Essentie.

Verbinding maken met de Essentie in een baby

Stel je voor dat je in een huis bent. Het kan je eigen huis zijn of dat van iemand die je kent. Je stapt een slaapkamer binnen en ziet een wiegje staan waarin een baby rustig ligt te slapen. Je hebt een speciale band met de baby. Misschien is het je eigen kind, of dat van een familielid of je beste vriendin.

Je loopt naar het wiegje en kijkt naar de baby. Je ziet zijn zachte huid, zijn donzige haartjes en mollige wangetjes. Je strekt je arm uit, beroert voorzichtig zijn handje en voelt dat zijn vingertjes zich om jouw vinger klemmen. Ruik de zoete geur die alleen baby's hebben. Het kind ademt rustig in en uit. Hij ligt daar zo onschuldig, kalm en tevreden. Zeg zachtjes tegen hem 'Ik hou van je' en meen het ook echt. Kun je de onschuld en prilheid van deze nieuwe geest voelen?

Essentie wordt elke minuut opnieuw geboren. Ze is ouder dan de tijd en toch altijd nieuw en pril. Ze is ook puur en ongecompliceerd. Het kan een baby niet schelen of je veel geld op de bank hebt of pas je relatie hebt uitgemaakt. Hij bestaat eenvoudig om lief te hebben en om te worden bemind. Door zijn onschuld en prilheid voelen we ons allemaal weer nieuw en jong. En wanneer we de Essentie in een baby zien, kunnen we die bij onszelf waarnemen.

Essentie is waarheid

Groot is de waarheid, en zij is sterk bovenal.
3 EZRA 4:41, APOCRIEFEN

In het zenboeddhisme maken zenmeesters gebruik van koans: vragen waarop geen logisch antwoord kan worden gegeven, om hun leerlingen ertoe te brengen dieper na te denken. Het doel is om de leerlingen een openbaring te laten ervaren, een glimp van waarheid op een dieper niveau. Op zulke momenten kan een leerling een staat van verlichting, een volledig bewustzijn van de Essentie, bereiken.

Hoewel ik beslist geen zenmeester ben, heb ik tijdens mijn readings precies zo'n openbaring gezien bij mensen die via mij iets horen wat alleen een dierbare overledene kan weten. Thom, die je in hoofdstuk 1 hebt leren kennen, kreeg zijn openbaring toen ik hem vertelde over de foto die hij op het hart van zijn vrouw had gelegd vlak voordat ze werd gecremeerd. Alleen hijzelf en zijn vrouw wisten van die foto. Dezelfde openbaring zag ik tijdens een reading bij een vrouw van wie de moeder enkele jaren eerder was overleden. De moeder wilde dolgraag dat haar dochter kinderen zou krijgen, maar ze werd ziek voordat de dochter zwanger was geworden. Toch had de moeder babykleertjes gekocht voor het kind waarvan ze intuïtief wist dat haar dochter het zou baren. Dat kreeg ik allemaal door, en toen zei ik tegen de dochter: 'Je moeder laat me een dekentje zien. Heeft ze ook een dekentje voor jouw kind gemaakt?'

Verbijsterd keek de dochter me aan. 'Ze heeft er een gemaakt voor de baby van mijn nicht, en toen mijn kind werd geboren, gaf mijn nicht het dekentje aan mij. Dat wist niemand, behalve mijn nicht en ik.' Later heeft ze me een foto gestuurd van het prachtige dekentje dat haar moeder had gemaakt. Door dat detail en de andere, onmiskenbare boodschappen van haar moeder tijdens de reading werd de dochter voor het eerst doordrongen van de waarheid van het leven na de dood. Pas toen wist ze dat haar moeder genoot van het kleinkind, op wie ze zich met zoveel vreugde had voorbereid.

De waarheid is de meest verheven gift,
de meest verheven smaak
en de meest verheven vreugde.
DE DHAMMAPADA: HET PAD VAN DE WAARHEID

Er zijn ogenblikken in ons leven waarop we dénken dat iets waar is. Op andere momenten weten we gewoon dat wat we hebben gehoord, gezien of ervaren een Essentiële Waarheid is. Het gaat daarbij niet om het besef: ik heb gelijk en zij hebben het mis. Dat is vaak enkel schijnheiligheid, wat niets te maken heeft met de Essentie, maar voortvloeit uit de behoefte van het ego om zijn gevoel van eigenwaarde te voeden. De waarheid is niet schijnheilig. Integendeel, de waarheid van de Essentie is meestal eenvoudig en helder. Zoals de filosoof Blaise Pascal schreef: 'We kennen de waarheid, niet alleen met ons verstand, maar ook met ons hart.' De Essentiële Waarheid verdeelt ons niet, maar verenigt ons. De Essentiële Waarheid scheidt ons niet in goed en kwaad, juist en onjuist of zelfs verlicht en onverlicht, maar laat ons zien dat we allemaal deel uitmaken van de Essentie. Net zoals een leerling die door een on-beantwoorde vraag de waarheid ziet, verenigt de waarheid ons met zichzelf in een flits van niet alleen begrip, maar van wéten. Onze twijfels over het bestaan van de Essentie of van het leven na de dood verdwijnen op zulke momenten volkomen. We kennen en voelen de waarheid over onze eigen eeuwige aard en verheugen ons erover.

Essentie is heilig

Een oprechte liefde voor God moet uitgaan van vreugde in Zijn heiligheid.

JONATHAN EDWARDS

Heiligheid is een begrip dat vaak verkeerd wordt gebruikt. Het betekent niet: huichelarij of anderen boven jezelf stellen. Heiligheid is eenvoudig een besef van een diepe en directe band met het goede en het wijze, iets wat boven de ervaring van een individu uitstijgt. 'Mensen die heiligheid saai vinden, begrijpen er weinig van. Wanneer je er werkelijk mee te maken krijgt, is die onweerstaanbaar,' schreef C.S. Lewis. Als we omgaan met mensen die heilig zijn, kunnen we dat vaak vaststellen door hun uitwerking op ons. Verheven wezens zoals de Boeddha en Jezus, heiligen zoals Franciscus en Moeder Teresa, zenmeesters zoals Bodhidharma of soefiheiligen zoals Rumi en Hafiz beschikten over die eigenschap. Alleen al in hun aanwezigheid voelden mensen zich verbonden met de Essentie. Ook het lezen over hen en het bestuderen van hun woorden kan ons helpen om met onze Essentie in verbinding te komen.

Er zijn veel termen voor deze toestand van voortdurend één zijn met de Essentie. In sommige tradities noemt men het verlichting. Anderen noemen het bewustwording, *mindfulness*, verbondenheid of samenzijn met God. In de joodse en christelijke tradities noemen we het heilig. Er is in die toestand geen besef van een verschil tussen ons eigen kleine ik en het grote Zelf met een hoofdletter Z. We zijn dan op elk moment volledig verbonden met de Essentie. Het herkennen van die toestand van innerlijke rust is het grote geheim van het leven.

Het ironische is dat al die verheven meesters ons wijzen op de simpele waarheid dat ieder van ons heilig is en ieder van ons Essentie is. We hoeven ons alleen maar bewust te worden van die waarheid. Er is een verhaal over een wijze vrouw die door haar duidelijke band met de Essentie duizenden zoekers trok. Ze schudde haar hoofd en zei grinnikend: 'Ik zit alleen maar aan de oever van de rivier om rivierwater te verkopen.' De rivier ligt in ieder van ons, als we maar verstandig genoeg zijn om onze beker in de heiligheid vanbinnen te dompelen.

Een andere fout die velen van ons maken wanneer we bij anderen de Essentie bespeuren, is dat we ervan uitgaan dat alleen die ander erover beschikt, maar wij niet. We willen van onze leraren goden of goeroes maken. We geloven dat ze op een of andere manier anders of beter zijn dan wijzelf. Zoals de wijzen zeggen, verwarren we de vinger die naar de maan wijst met de maan. We zien onze leraren als afgoden, omdat het makkelijker is hen te aanbidden en te denken dat zij het 'doorhebben' en een goed woordje voor ons kunnen doen dan dat we de enorme verantwoordelijkheid op ons durven te nemen om te erkennen dat we zelf net zo heilig zijn als zij. Je hebt ongetwijfeld het fragment gelezen uit de inaugurele rede van Nelson Mandela, waarin hij Marianne Williamson citeerde: 'Onze grootste angst is niet dat we ontoereikend zijn. Onze grootste angst is dat we mateloos krachtig zijn. Het is ons licht, niet onze duisternis, die ons het meest beangstigt. We vragen ons af: wie ben ik dat ik briljant, prachtig, talentvol, fantastisch zou zijn? Maar wie ben je eigenlijk om dat níet te zijn? [...] We zijn geboren om de glorie van God in ons te openbaren. Die zit niet alleen in sommigen van ons; die zit in iedereen.' Ieder van ons bezit de heiligheid van de Essentie, en we hebben allemaal de verantwoordelijkheid dat te erkennen en het in de wereld kenbaar te maken.

Essentie is er in het huidige moment

Wanneer je aanwezig bent, wanneer je aandacht helemaal op het Nu is gevestigd, kun je het Zijn waarnemen.

ECKHART TOLLE, *DE KRACHT VAN HET NU*

De Essentie bevat alle tijd – verleden, heden en toekomst – maar die kun je alleen waarnemen in het heden, in wat Eckhart Tolle en veel andere leermeesters het Nu noemen. In het heden ontstaan er emoties zoals liefde, vreugde, vrede, geluk en zelfs verlichting. Wanneer je volledig in het heden leeft, bestaat er geen stress. In het huidige moment is er geen verleden of toekomst, dus is er niets om gestrest over te zijn. Wanneer we ons volledig bewust zijn van het nu, houdt het verstand op met zijn eindeloze gebabbel en kunnen we gewoon zijn. Dit aanwezig zijn in het nu noemt Eckhart Tolle 'de essentie van meditatie'. In feite is *vipassana*, een meditatietechniek die al sinds de tijd van de Boeddha in 500 v.Chr. wordt beoefend, gebaseerd op het richten van de aandacht op het nu en ervaren wat er is.

Verbinding maken met de Essentie in het huidige moment

Ga op een rustige plek zitten en ontspan je. Doe je ogen dicht en concentreer je op wat je hoort. Richt je aandacht volledig op de geluiden om je heen. Probeer ze niet te analyseren, maar observeer ze slechts.

Langzamerhand word je je bewust van je lichaam: voel je kleren op je huid, het gewicht van je lichaam op de stoel, eventuele spanningen. Observeer zonder je gewaarwordingen te verklaren of op enige wijze te beïnvloeden.

Richt dan je aandacht op je ademhaling. Observeer slechts, zonder iets te willen veranderen. Als er een gedachte bij je opkomt, constateer die slechts en houd jezelf voor: de geest is bedoeld om te denken. Laat de gedachte varen en richt je aandacht weer rustig op je ademhaling. Er is alleen je ademhaling, alleen dit moment. Ontspan je in het nu.

Misschien kost het je moeite om je gedachten te laten varen. Evenals de meeste mensen heb ik een onrustige geest, die de hele tijd actief is. Vaak merk ik dat ik aan het verleden denk of over de toekomst pieker. Maar wanneer ik een reading doe, laat ik alle gedachten aan het verleden en de toekomst varen en concentreer ik me sterk op wat ik op dat moment binnenkrijg. De gedachten, gevoelens en indrukken die tijdens mijn readings ontstaan, vloeien rechtstreeks voort uit het aanwezig zijn in het nu. In zekere zin zijn readings voor mij een vorm van meditatie, waarbij ik op dat ogenblik ben verbonden met de Essentie en daardoor contact kan maken met zowel de energiestromen hier als die aan gene zijde.

Essentie is lichthartig

Lachen is tijd doorbrengen bij de goden.

JAPANS SPREEKWOORD

De meeste religieuze tradities leren ons dat het een lange, moeizame weg is om eenheid met de Essentie te bereiken, ook al is dat wie we werkelijk zijn! Eigenlijk is dat de allergrootste kosmische grap, en volgens mij de reden dat zoveel verheven wezens over zo'n innerlijke lichtheid beschikken. Ze weten dat de Essentie gevoel voor humor heeft. Telkens wanneer je werkelijk met de Essentie in aanraking komt, kan daaruit vrolijkheid en lichtheid ontstaan. Zelfs de heilige wezens die ons van onze eigen Essentie bewust kunnen maken, zijn niet 'heilig' in de zin van plechtig en streng. Integendeel, ze roepen ons juist op te dansen, te zingen en te jubelen, of op zijn minst de dwaasheid in te zien van onze denkbeelden, pretenties en inspanningen.

Dat merk ik ook bij mensen die zijn overgegaan. Ik heb al heel vaak readings gedaan voor treurende nabestaanden die ik kon vertellen hoe gelukkig hun dierbaren aan gene zijde waren! Zo heb ik onlangs een reading gegeven voor een familie die ik op een plaatselijke begraafplaats had leren kennen. De vrouw van de oudste man uit de groep kwam onmiddellijk door.

'Ze danst aan gene zijde. Ze hield zeker van dansen, nietwaar?' zei ik. 'Ze is weer jong, en wanneer jij in de hemel komt, wil ze dat je met haar gaat dansen!'

Als er één boodschap is die ik aan iedereen zou willen meegeven, dan is het dat onze dierbaren gelukkig en heel zijn na de dood. Blijmoedig wachten ze totdat wij ons bij hen zullen voegen wanneer onze tijd is gekomen. En een van de redenen waarom ze zo gelukkig zijn, is dat ze leven in het bewustzijn van hun Essentie en de lichthartige, euforische, liefdevolle energie ervan.

Wanneer we met die innerlijke energie in verbinding staan, willen we als vanzelf feestvieren en dansen. Het is die energie waarover de auteur van psalm 100 schrijft, wanneer hij ons aanspoort: 'Een lofzang. Gij ganse aard! juicht den HEERE. Dient den HEERE met blijdschap, komt voor Zijn aanschijn met vrolijk gezang. […] Gaat in tot Zijn poorten binnen met lof, in Zijn voorhoven met lofgezang; looft Hem, prijst Zijn Naam.' Of zoals de vijftiende-eeuwse Indiase heilige Kabir schreef: 'Dans, mijn hart! Dans vandaag vol vreugde./Klanken van liefde vullen de dagen en nachten met muziek, en de wereld luistert naar de melodie:/Dans gek van vreugde, leven en dood op het ritme van de muziek…/Zie! Mijn hart danst in het genot van honderd kunsten; en de Schepper is zeer tevreden.'

Essentie is rust en vrede

De vrede van God, die alle verstand te boven gaat…
HET GEBEDENBOEK VAN DE ANGLICAANSE LITURGIE, *THE BOOK OF COMMON PRAYER*, 1928

Kortgeleden deed ik een reading voor een aardig meisje. 'Heb je een M, een overledene – Mathilda? Is dat je grootmoeder?' Het kind knikte met een verbaasde uitdrukking op haar gezicht. 'Ik zie een meisje in bed liggen. Ik denk dat jij het bent. Mathilda stopt je in en kust je welterusten. Zij was degene die het meest van je hield. Ze draagt een bloemetjesjurk. Die droeg ze zeker altijd, nietwaar?'

Het meisje glimlachte. 'Ze was dol op kleuren. Is alles goed met mijn oma?'

'Het gaat uitstekend met haar,' antwoordde ik. 'Ik voel dat ze heel rustig is. Waar ze nu is, heeft ze zelfs meer rust dan toen ze nog hier was. Had ze problemen met een van haar kinderen?'

'Met mijn moeder,' antwoordde het kind.

'Nou, je oma heeft nog net zoveel energie als je je herinnert. Ze is heel zorgzaam en liefdevol tegenover je, maar nu is ze ergens waar ze nog meer rust heeft en waar ze gelukkig is. Ze houdt van je en waardeert wat je allemaal voor haar hebt gedaan. Ze is een engel en waakt voortdurend over je.'

Wanneer ik met geesten aan gene zijde in contact kom, weet ik dat alles in orde is als ik merk dat ze rustig en tevreden zijn. Rust is een van de duidelijkste emotionele aanwijzingen dat we één zijn met de Essentie, hier of als geest. Die rust is niet gewoon de afwezigheid van zorgen, conflicten of een geschil dat is bijgelegd. Het gaat om een sterk gevoel dat 'alles goed komt, en alles komt goed, en alle dingen komen goed', zoals de mystica Juliana van Norwich schreef. Wanneer we mediteren of onze gedachten stilleggen, weten we door de beleving van rust dat we de Essentie hebben geraakt. Zulke gevoelens van rust en tevredenheid hoeven niet per se verband te houden met onze externe omstandigheden. Juist in moeilijke en rumoerige externe omstandigheden vallen ons de rust en tevredenheid op die van de Essentie uitgaan, omdat ze nergens anders uit kunnen voortvloeien.

Heb je wel eens goede vechtkunstenaars in actie gezien? Hun bewegingen zijn niet gebaseerd op lichaamskracht, maar ontstaan in een diepe kern van kalmte. Een meester in de vechtsport is verbonden met de energie van de Essentie, waaruit hij zijn kracht put. Op dezelfde manier kunnen we onder de zwaarste omstandigheden een enorme kracht en vindingrijkheid putten door ons naar binnen te keren en de rust en tevredenheid van de Essentie aan te raken die altijd aanwezig is. Neem de volgende keer dat je je in een stresssituatie bevindt een ogenblik de tijd om je aandacht af te wenden van wat er gebeurt en je te richten op de diepe kern van je wezen. Bid om rust en tevredenheid ongeacht de uiterlijke omstandigheden. Ontspan je en concentreer je op de gevoelens die er bij je opkomen. Misschien vind je rust en tevredenheid wanneer je dat het minst verwacht – en wanneer je daar de meeste behoefte aan hebt.

De Essentie is in jezelf

Dichterbij is Hij dan de adem, dichterbij dan handen en voeten.

ALFRED, LORD TENNYSON

Het volgende verhaal heb ik lang geleden gelezen. Toen Adam en Eva uit de Hof van Eden waren verjaagd, wilde God zijn Essentie bewaren op een plek die voor mensen moeilijk te vinden was.

'Geef haar maar aan mij!' zei de vis. 'Ik zwem ermee naar het diepste deel van de oceaan. Zover zullen ze nooit zwemmen.'

'Geef haar maar aan mij!' riep de mol. 'Ik begraaf haar in de meest afgelegen grot van de wereld. Daar komen de mensen nooit.'

'Nee, geef haar maar aan mij!' sprak de adelaar. 'Ik vlieg ermee naar de top van de hoogste berg. Zo hoog kan niemand klimmen.'

Glimlachend keek God op zijn schepsels neer. 'Bedankt voor het aanbod, maar ik wil mijn Essentie in het hart van elke mens verstoppen. Daar zullen ze nooit gaan zoeken!'

De mensheid heeft vele mensenlevens lang op de verkeerde plaatsen naar liefde gezocht. We hebben bijna alles in de nieuwste versie van God proberen te veranderen, van de natuur tot relaties tot de wetenschap, zonder dat we in onszelf hebben gekeken. Dat komt doordat het veel makkelijker is om God 'daarbuiten' te stoppen dan te doen wat nodig is om God in onszelf te zien.

> ## Verbinding maken met de Essentie in jezelf
> *Herhaal de eerste oefening en zoek opnieuw verbinding met degene van wie je het meeste houdt. Herstel dat liefdevolle gevoel bij jezelf. Stel je nu voor dat je in plaats van naar die dierbare van ongeveer een meter afstand naar jezelf kijkt. Kijk jezelf in je ogen en zeg uit het diepst van je hart en echt gemeend tegen jezelf: ik hou van je. Zie jezelf glimlachen en je liefde aanvaarden. Is de liefde die je nu voelt hetzelfde als in oefening 1 of heel anders? Vind je het moeilijker om van jezelf te houden dan van anderen? Zeg in dat geval tegen jezelf en meen het ook echt: ik hou van je met al je gebreken en al je goede eigenschappen. Je bent perfect zoals je bent. Kijk wat er gebeurt met de gevoelens van liefde in je hart.*

Al onze ervaringen van de Essentie in de buitenwereld – de tedere blik van een kind, ouder of partner, genieten van de prachtige natuur om je heen of studeren met leermeesters die ons naar de waarheid voeren – moeten ons uiteindelijk naar binnen richten. Liefde, natuur en studie zijn slechts vingers die wijzen naar de 'maan' van onze innerlijke wereld. Dat is de enige plaats waar we de eigenschappen van de Essentie werkelijk kunnen ervaren.

Er was een geliefde van God die er al zijn leven lang hartstochtelijk naar verlangde een te worden met de Essentie. Na jaren studeren en mediteren droomde hij op een nacht dat hij voor de deur van het huis van de Heer stond. Hij klopte aan en hoorde God vragen: 'Wie is daar?'

'Ik ben het,' antwoordde de man.

'Ga weg,' zei de stem. 'Dit huis is te klein voor ons tweeën.'

De man was diepbedroefd. Hij ontwaakte uit zijn droom en trok de wildernis in. Dagenlang mediteerde hij daar om erachter te komen wat God had bedoeld. Ten slotte droomde hij weer over het huis van de Heer. Met trillende handen klopte hij opnieuw aan.

'Wie is daar?' vroeg de stem.

'U bent het,' antwoordde de geliefde van God.

Onmiddellijk ging de deur open.

Ben jij klaar om aan te kloppen en door jouw Essentie te worden binnengelaten?

3

Luisteren naar de Essentie

Wanneer je stil wordt, begint het je opeens te dagen.
THOMAS EDISON

Heb je een stemmetje in je hoofd dat nooit eens zwijgt? Een stemmetje dat overal commentaar op levert en je soms 's nachts uit je slaap houdt met gepieker? In veel tradities waarbij meditatie wordt onderwezen, wordt dit gebabbel 'monkey mind' ('apengeest') genoemd, omdat de energie ervan even grillig en warrig is als een aap die door de bomen slingert. De apengeest richt zich zelden op het nu, maar verwijst meestal naar het verleden, creëert dromen, maakt plannen of veroorzaakt ongerustheid om de toekomst. Wanneer je naar de inwendige monoloog van je apengeest luistert, kun je van streek, overstuur of gespannen raken, ook als het om bekende gedachten gaat.

Dat is niet de innerlijke stem die ik bedoel wanneer ik het heb over 'luisteren naar de Essentie'. Die commentariërende babbelstem is in feite het gedeelte van de bewuste geest dat een belemmering vormt voor onze ware innerlijke wijsheid: de stem van het weten waaruit je intuïtie bestaat. Wanneer we de apengeest stil kunnen krijgen, kunnen we ons openstellen voor een wijsheid die verder gaat dan onze eigen beperkte ervaring. Dan kunnen we ons verbinden met het grote net waaruit het universum bestaat en ontvankelijk zijn voor de informatie die de Essentie ons wil geven. Ook kunnen we vragen stellen die ons helpen geestelijk te groeien, problemen te voorkomen en doelen te bereiken.

De intuïtie is een van de beste communicatiekanalen tussen de bewuste geest en de Essentie. Het is altijd mijn roeping geweest mensen bewust te maken van hun aangeboren intuïtieve vermogen en hen naar hun zesde zintuig te leren luisteren. Net zoals onze andere zintuigen is de intuïtie zowel een geschenk van God als een waardevolle eigenschap waarmee we ons in het leven kunnen redden. Maar in tegenstelling tot de vijf andere zintuigen kunnen we met onze intuïtie rechtstreeks met de Essentie in contact komen. Wanneer we onze intuïtie gebruiken, moeten we onze innerlijke hindernissen overwinnen en de werking van een oneindige kracht erkennen die onze eigen beperkte ervaring ver te boven gaat. Intuïtie kan ons helpen een band te smeden tussen onze geest en het al-dat-is. Het kan de energie van de Essentie in ons alledaagse bewustzijn brengen. En wanneer de intuïtie wordt gecombineerd met de bewuste krachten van de logica en het gezond verstand, zoals ik in mijn boek *Innerlijke wijsheid* heb beschreven, beschikken we over een krachtige leidraad voor ons handelen, om datgene te bereiken waar we in het leven naar streven.

De 'stem' van de Essentie

We leven in de schoot van een onmetelijke intelligentie en wij zijn ontvangers.

RALPH WALDO EMERSON

Hoewel ik het een innerlijke 'stem' noem, kan de hulp die we door middel van onze intuïtie van de Essentie krijgen zich op verschillende wijzen manifesteren. Je kunt bijvoorbeeld thuis zitten en opeens zie je toevallig een familiefoto van jou en je broer Peter. Op een of andere manier valt Peters gezicht op tussen de andere op de foto. Onwillekeurig komt er een gedachte bij je op: Peter krijgt een zoon. Je belt hem op en hij zegt: 'Hoe wist je dat ik je wilde spreken?' Dan vertelt hij dat zijn vrouw in verwachting is. Of in de auto op weg naar huis luister je naar de radio en hoor je de omroeper zeggen: 'Uit een vandaag verschenen onderzoek blijkt dat vijftig procent van alle auto-ongelukken wordt veroorzaakt door mensen die door rood rijden.' Op een of andere manier blijft dat in je hoofd hangen. Vijf minuten later sta je te wachten bij een rood stoplicht. Het springt op groen, maar je wacht nog een seconde voordat je gas geeft – en daardoor voorkom je dat je wordt aangereden door een automobilist die door rood rijdt. Onze intuïtieve stem kan zich ook laten gelden bij verschillende geuren. Een vriendin van me weet of iemand te vertrouwen is als ze bij de eerste kennismaking het parfum van haar oma ruikt. (Dat ruikt ze ongeacht of de persoon het parfum draagt.)

De innerlijke stem van de intuïtie openbaart zich ook als emoties die ogenschijnlijk uit het niets ontstaan. Zo kun je een zekere rust en voldoening voelen, een 'weten', wanneer je aan een nieuwe onderneming begint die een succes wordt. Of misschien krijg je een akelig voorgevoel wanneer je met iemand omgaat die later slecht voor je blijkt te zijn. Of je krijgt een raar gevoel in je buik – letterlijk een natuurlijke reactie – wanneer iemand je een investering voorstelt. Je zegt nee en later ontdek je dat de investeerders al hun geld hebben verloren.

Soms spreekt je innerlijke stem zonder dat je hem iets hebt gevraagd. Hij kan je bijvoorbeeld aansporen om naar een bepaalde baan te solliciteren of in een onderneming van een vriend te investeren. Misschien waarschuwt de stem je dat je een bepaalde vlucht of trein niet moet nemen of dat je bij iemand op kantoor uit de buurt moet blijven. Zulke momenten van spontane communicatie zijn geschenken van de Essentie om ons de weg te wijzen bij het maken van levenskeuzes. Wie dergelijke intuïtieve ingevingen negeert, doet dat op eigen risico. Als je wel eens iemand hebt leren kennen van wie je instinctief wist dat hij of zij narigheid zou veroorzaken, maar met wie je toch een relatie bent aangegaan, waar je vervolgens spijt van hebt gekregen, weet je precies wat ik bedoel. Natuurlijk zal de Essentie ons niet waarschuwen voor elk kwaad dat ons zou kunnen overkomen. Als dat wel zo was, zouden we veel lessen missen waarvoor we op aarde zijn om die te leren. Maar als de Essentie het belangrijk genoeg vindt om ons te waarschuwen of het groene licht te geven, dan doen we er verstandig aan dat advies op te volgen.

Wanneer heb je je innerlijke stem gehoord?

Denk aan een boodschap die je hebt gekregen die onmogelijk van je bewuste geest afkomstig kon zijn geweest, bijvoorbeeld het gevoel dat er iets mis was met een dierbare. Wellicht heb je iets gezien of gehoord waardoor je een potentieel probleem kon voorkomen of een kans kon grijpen. Misschien had je een 'onderbuikgevoel' dat achteraf bleek te kloppen. Wellicht moest je zomaar opeens aan iemand denken die even later opbelde. Door zulke boodschappen van de Essentie te erkennen, wordt het makkelijker ze voortaan te herkennen.

Hoewel de Essentie haar belangrijke boodschappen op allerlei manieren kan overbrengen, maakt onze innerlijke stem meestal gebruik van een bepaald middel om te communiceren: het gezichtsvermogen, het gehoor, de smaak, de tastzin, de emoties, enzovoort. Het kan nuttig zijn om te noteren wanneer de boodschappen van je innerlijke stem werkelijkheid worden, want dat kan een aanwijzing zijn van de specifieke manier waarop de Essentie met jou in contact wil komen.

De Essentie richt zich ook tot ons door middel van het toeval. Je twijfelt of je een hond zult nemen. De volgende dag krijg je een kaartje van het plaatselijke dierenasiel met achterop de tekst: de zaterdag van de dierenadoptie! Op de voorkant staat een foto van een hond van het ras dat je altijd had willen hebben. Vervolgens vertelt je collega plotseling een verhaal over de hond die hij vijftien jaar heeft gehad. 'Hij was mijn allerbeste vriend,' zegt hij. 'Eigenlijk zou iedereen een hond moeten hebben.' Ten slotte klopt je buurvrouw aan. 'Ik ben mijn kasten aan het opruimen en heb een heleboel spullen gevonden van onze overleden hond,' zegt ze. 'Weet jij iemand die dit kan gebruiken?' Je denkt: ja, ja, de boodschap is duidelijk! Die zaterdag ga je naar het dierenasiel en daar zie je de ideale hond voor jou: precies het juiste ras, de juiste leeftijd en het juiste karakter. Dit lijkt misschien een extreem voorbeeld, maar ik heb van veel mensen gehoord dat ze een soortgelijke reeks 'toevalligheden' hebben meegemaakt. Het geheim is natuurlijk dat je ontvankelijk bent voor de aansporingen van de Essentie, dat wil zeggen: accepteren dat zulke toevalligheden tekens zijn, niet zomaar een samenloop van omstandigheden, en daarna doen wat de Essentie ons aanraadt. (In hoofdstuk 4 gaan we daar dieper op in.) Kijk bijvoorbeeld eens wat er gebeurt wanneer je je keuzes door zulke toevalligheden laat bepalen. Maar besef wel dat logica en gezond verstand ook altijd een rol spelen!

Soms spreekt de Essentie liever via onze dromen tot ons. Dromen kunnen de hindernissen en het scepticisme van de bewuste geest overwinnen en rechtstreeks uit het niet-bewuste deel van onze hersens putten. Dromen stellen ons in staat problemen uit te werken die we anders niet onder ogen kunnen zien. Belangrijker is echter dat informatie die niet van de bewuste geest afkomstig is zich door middel van dromen kenbaar kan maken. Zoals we in hoofdstuk 6 zullen bespreken, verschijnen onze overleden dierbaren vaak in onze dromen, omdat de communicatie op die manier gemakkelijker voor hen is. Maar de Essentie kan ons door middel van dromen ook informatie, leiding en raad geven. Veel mensen die me om een reading vragen, zeggen dat ze voor het overlijden van hun dierbare over hun dood hadden gedroomd. Laatst droomde ik dat twee goede vrienden van me, die al twaalf jaar samen waren geweest, uit elkaar gingen. Op dat moment heb ik het weggelachen, maar een halfjaar later maakten mijn vrienden een eind aan hun relatie.

Het is goed om zulke dromen te vangen, zodat je je erdoor kunt laten leiden. Sommige spirituele dromen 'voelen' anders en zijn makkelijk te herkennen. Andere, zoals de droom over mijn vrienden, lijken op het moment zelf misschien onbelangrijk, maar kunnen later uitkomen. Ik leg graag een aantekenboekje en een pen naast mijn bed om eventuele dromen te kunnen noteren die ik me nog herinner wanneer ik wakker word. Dromen kunnen een bron van duidelijke communicatie van de Essentie zijn. Wanneer we hun raadgeving combineren met logica, gezond verstand en ons onderbuikgevoel, dan kunnen ze ons helpen problemen te voorkomen en onze toekomst vorm te geven.

Vragen stellen aan de Essentie

Intuïtieve intelligentie is nauwkeuriger en exacter dan alles wat er op het gebied van het rationele denken bestaat.
DEEPAK CHOPRA

In plaats van gewoon te wachten totdat onze innerlijke stem zich laat horen, kunnen we de Essentie ook vragen rechtstreeks met ons te communiceren. De Essentie wil ons in talloze situaties bijstaan. Door haar de gelegenheid te bieden zich te laten horen, maken we het niet alleen onszelf gemakkelijker en worden we met minder problemen geconfronteerd, maar kunnen we ons ook aanwennen te luisteren naar wat de Essentie ons wil vertellen. Op die manier creëren we een sterkere, natuurlijkere band met onze eigen goddelijke aard.

In *Innerlijke wijsheid* beschrijf ik een eenvoudige methode om de Essentie vragen te stellen met behulp van je intuïtieve zesde zintuig. Diezelfde methode gebruik ik ook nu nog voor mijn leerlingen, met enkele aanvullingen. Door de jaren heen vonden mijn leerlingen dit een waardevolle oefening wanneer ze antwoord wilden krijgen op specifieke vragen. Probeer het zelf maar eens, vooral als je raad nodig hebt op een bepaald vlak of als je alleen maar goed wilt leren luisteren naar de fluisteringen van de raadgevingen die de Essentie wil geven.

Stap 1: stel een gedetailleerde, duidelijke vraag

Vragen om advies is net als de weg vragen: hoe gedetailleerder je vraag, des te duidelijker het antwoord. 'Zal ik mijn soulmate tegenkomen?' is te algemeen. Het antwoord van de Essentie kan 'ja' luiden, en het kan kloppen, maar misschien kom je hem of haar niet in dit leven tegen. 'Zal ik deze baan nemen?', 'Zal ik dit huis kopen?', 'Heeft mijn partner overspel gepleegd?' of 'Is dit een goede school voor mijn kind?' zijn voorbeelden van gedetailleerde vragen. Hoe duidelijker je vraag, des te makkelijker je het antwoord zult ontdekken en begrijpen.

Stap 2: sta klaar om te ontvangen wat de Essentie je kan geven

Intuïtief vragen vereist je volle aandacht, dus neem de tijd om je helemaal op je vraag of verzoek te kunnen concentreren. De kans is groter dat je hoort wat de Essentie te vertellen heeft als je niet wordt afgeleid. Maak een bepaalde tijd vrij om je vraag te stellen.

Zet je mobieltje, BlackBerry, computer en elk ander apparaat dat zou kunnen storen uit. Zoek een rustig, comfortabel plekje op. Als er een bepaalde plaats is waar je graag mediteert, dan is die ideaal, want daar ben je al gewend om je open te stellen voor de Essentie. Sommige mensen vinden het prettig een kaarsje aan te steken of wierook te branden om de energie van de ruimte te zuiveren. Het is ook handig om pen en papier bij de hand te hebben om eventuele gedachten, gevoelens of indrukken die je doorkrijgt te noteren.

Ga zitten en ontspan je. Als je gewend bent een ritueel te doen voordat je gaat mediteren, kun je dat nu doen. Doe daarna je ogen dicht, visualiseer een wit licht om je heen en zeg een gebedje op om je tegen negatieve energie te beschermen en te zorgen dat de boodschappen die je ontvangt van de Essentie komen. Zoals we later in het boek zullen zien, heeft de Essentie het weliswaar goed met ons voor, maar zijn er ook andere, lagere energieën die ons willen misleiden of zelfs kwaad willen doen. Door jezelf met wit licht te omgeven en een gebed ter bescherming op te zeggen, stem je jezelf als het ware af op het juiste 'kanaal' om alleen de hoogste en beste energie van de Essentie te ontvangen.

Stap 3: maak je hoofd leeg en concentreer je op het nu

Haal een paar keer diep adem en richt dan je aandacht naar binnen. Als je wel eens mediteert, kun je elke gewenste techniek toepassen om je hoofd leeg te maken en kalm te worden. Adem rustig in en uit. Laat je gedachten de vrije loop. Als je merkt dat er emoties in je opkomen, kun je ook die de vrije loop laten. Zet al je wensen en verlangens opzij en stel je open voor wat je van de Essentie ontvangt. Richt je aandacht helemaal op dit moment. Er is geen verleden of toekomst, er is alleen het nu. Laat je gedachten, emoties en verlangens komen en gaan zoals je ademhaling. Geef je helemaal over aan dit moment en ontspan je.

Stap 4: stel je vraag zonder je emoties erbij te betrekken

Stel je vraag vanuit deze verbonden, ontspannen en evenwichtige toestand, in het volste vertrouwen dat je antwoord zult krijgen. Stel je vraag bij voorkeur zonder een zweem van emotionele betrokkenheid bij een bepaald antwoord. (Hoewel wensen en verlangens bij het manifesteren van belang zijn, kunnen ze ook verhinderen dat de subtiele energieën van de Essentie duidelijk met ons communiceren.) Bedenk dat de Essentie de intelligente, liefdevolle, wijze en goede energie van het heelal is. Die is aanwezig in alle dingen en is er altijd al geweest. De Essentie heeft het goed met ons voor, zelfs als dat niet altijd zo lijkt. Wanneer je een vraag stelt, moet je erop vertrouwen dat het antwoord voor jou het beste is en je grootste persoonlijke groei dient.

Stap 5: let op wat je krijgt

Bij intuïtief vragen moet je letten op gedachten die ergens van buiten de bewuste geest komen. Noteer de eerste gedachte die bij je opkomt waarvan je het idee hebt dat het geen bewuste reactie is. Gebruik je notitieboekje om je indrukken op te schrijven. Noteer precies wat je ontvangt – beelden, geluiden, gevoelens, indrukken – zonder iets te bewerken of te verklaren. Interpreteren komt later pas. Nu hoef je enkel vast te stellen wat er bij je opkomt.

Soms zul je onmiddellijk antwoord krijgen in de vorm van een duidelijke boodschap van je innerlijke stem. Dat kan 'ja' of 'nee' zijn of een positief of negatief gevoel. Je antwoord kan ook als symbool verschijnen. Je vraagt of je binnen een jaar een romantische relatie zult hebben en in gedachten zie je vervolgens een bruidsboeket. Of je vraagt naar je toekomst in je huidige baan en hoort het geluid van een dichtslaande deur. Dat vat je op als teken dat je daar je langste tijd hebt gehad en naar een andere functie moet gaan uitkijken.

De kans bestaat dat je niet onmiddellijk antwoord krijgt. Soms verschijnt het pas wanneer je helemaal niet aan je vraag denkt, bijvoorbeeld vlak voordat je in slaap valt of wakker wordt. Het antwoord kan je ook midden in de nacht uit je slaap halen. Of je kunt zomaar een gevoel van zekerheid krijgen dat in de uren of dagen daarna steeds sterker wordt. Wees geduldig, blijf alert en vertrouw erop dat je je antwoord zult krijgen – als dat tenminste de bedoeling was. We krijgen niet op al onze vragen antwoord. Als dat wel zo was, zouden we niet de lessen leren waarvoor we hier op aarde zijn. Ook is het mogelijk dat de omstandigheden rond je vraag onzeker zijn. Verleden, heden en toekomst maken allemaal deel uit van de Essentie, maar de toekomst verandert voortdurend onder invloed van gebeurtenissen en onze keuzes, en ook door de keuzes van anderen. Stel dat je een promotie wordt aangeboden op je werk en je twijfelt of je die moet aannemen. Je vraagt de Essentie om raad, maar krijgt geen enkel teken. Een maand later kom je erachter dat je in verwachting bent (of dat je partner dat is). Neem je de nieuwe baan aan, omdat je dan meer gaat verdienen voor je groeiende gezin? Wijs je hem af en blijf je in je oude baan om je op de komst van de baby te kunnen voorbereiden? Of zeg je je baan helemaal op om een thuisblijfouder te worden? Dit zijn allemaal punten van overweging die je keuze voor een mogelijke nieuwe baan kunnen bepalen. Het is dan ook geen wonder dat je vraag onbeantwoord bleef. Telkens wanneer er geen reactie komt van de Essentie, moet je erop vertrouwen dat het antwoord vanzelf duidelijk zal worden naarmate de gebeurtenissen zich ontwikkelen.

Je moet het ook kunnen accepteren als het antwoord niet

strookt met je verlangens. Soms vragen we onze innerlijke stem en de Essentie om raad, terwijl we eigenlijk bevestiging zoeken. Je open opstellen betekent: bereid zijn het antwoord van de Essentie te accepteren en er emotioneel neutraal op te reageren. Emoties en verlangens kunnen een belemmering vormen als ze tegen de natuurlijke stroom van universele energie in gaan. Wanneer je de Essentie iets wilt vragen, moet je verlangen overeenkomen met wat de Essentie voor je in petto heeft. Je moet geloven dat het voor jou precies datgene zal opleveren wat aan je wensen en behoeften voldoet.

Ten slotte mag je niet vergeten dat de Essentie je ook nog andere middelen heeft gegeven die je kunnen helpen bij je besluitvorming en het sturen van je leven. Daartoe behoren logica en gezond verstand, die bij elke beslissing die je neemt moeten worden betrokken. De Essentie bevindt zich in de 'stille, kleine stem' van onze innerlijke wijsheid, maar ook in onze bewuste geest en de wijsheid die door ervaring en studie is opgedaan. Je intuïtie kan je meevoeren naar plaatsen waar je met logica en gezond verstand nooit zou komen, maar door logica, gezond verstand en intuïtie te combineren, zul je verstandiger kunnen kiezen. Laat de Essentie door alle drie tot je spreken.

Stap 6: volg de raad op die je hebt gekregen

Een Russisch spreekwoord luidt: bid tot God, maar roei zelf naar de kant. We zijn op aarde gekomen om keuzes te maken, ervan te leren en door de lessen te groeien in liefde en wijsheid. Als we slim zijn, vragen we de Essentie om raad en nemen we haar antwoorden ter harte bij onze daden. Wanneer we dat doen, bewegen we mee op de stroom van het universum in plaats van tegen de stroom in te willen zwemmen. Het is ook in ons voordeel als we ons steeds beter afstemmen op onze ware aard van essentiële waarheid, liefde en goedheid. Leren luisteren naar de subtiele aanwijzingen van de Essentie helpt ons te beseffen wie we werkelijk zijn en ons leven als onderdeel van een eeuwige reis te beschouwen.

Verbinding maken met de Essentie door te bidden

Door gebed komt meer tot stand
Dan de wereld ooit vermoedt.

ALFRED, LORD TENNYSON

Op doordeweekse dagen ging mijn vader meestal heel vroeg de deur uit, om nog voor zijn werk even naar de plaatselijke synagoge te kunnen gaan. In het joodse geloof zeggen we in het eerste jaar nadat iemand is overgegaan de kaddisj, een gebed voor de doden. Maar voor het opzeggen van gebeden in de tempel is een minjan, een minimumaantal van zeven personen, nodig. Daarom ging mijn vader naar de synagoge, zodat er genoeg aanwezigen waren voor een minjan en de gebeden voor de doden konden worden opgezegd. Dat deed hij voor mensen die hij niet eens kende. Als dat geen mitswa, geen goede daad, is...

Mijn ouders hebben me in mijn jeugd de kracht en het belang van het gebed bijgebracht. Wanneer we bidden richten we ons bewustzijn op de bron van goedheid, wijsheid en liefde waarvan we deel uitmaken. Bidden is in elke spirituele traditie een van de belangrijkste gebruiken. Vrome moslims bidden elke dag vijfmaal. Christenen zeggen het Onzevader op en als ze katholiek zijn, bidden ze de rozenkrans. Hindoes zeggen gebeden op in de oude taal Sanskriet, terwijl boeddhisten aan een gebedswiel draaien en de vele namen van God opnoemen. Bij het bidden maken we gebruik van de kracht van onze gedachten en ons bewustzijn om ons eraan te herinneren dat we deel uitmaken van en geleid worden door het goddelijke. Wanneer we bidden, erkennen we dat er buiten onze eigen beperkte ervaring iets is wat om ons geeft. Terwijl we contact maken met de goddelijke energie van de Essentie, voelen we diezelfde energie in ons meetrillen, waardoor we haar aanwezigheid beter kunnen herkennen.

Door te bidden en liefdevolle gedachten te koesteren, kunnen we niet alleen verbinding maken met de Essentie, maar ook met de mensen die ons dierbaar zijn, zowel hier op aarde als aan gene zijde. Onze gebeden behoren tot het grootste geschenk dat we onze dierbaren kunnen geven. Net zoals een gebed onze energie kan verheffen, bereikt de positieve kracht ervan ook de geesten aan gene zijde, door ze onze liefde te laten voelen en hen te helpen bij het verwerken van hun verdriet, waardoor ze sneller vorderingen maken. Of je gebeden nu formeel zijn, zoals bij het opzeggen van de kaddisj, de rozenkrans of het gebed voor de doden, of informeel in de vorm van liefdevolle gedachten, de energie van je gebed zal je verbinden met de geesten van je overleden dierbaren.

Het gebed kan een ongelofelijk sterke kracht zijn. In het Oude Testament staat een verhaal over Daniël, die driemaal per dag tot God bad en daarom door koning Darius in de leeuwenkuil werd geworpen. Toch ging Daniël door met bidden, waarop God een engel zond om te voorkomen dat de heilige door de leeuwen werd verscheurd. De meeste wonderen die in de Bijbel worden beschreven, zijn het resultaat van de kracht van het gebed. Een van de belangrijkste criteria in de katholieke traditie om iemand als heilige te erkennen, is een gedocumenteerd wonder nadat iemand tot de bewuste heilige had gebeden om in de hemel een goed woordje voor hem te doen. Zelfs in de wetenschap begint men de kracht van het gebed en de gerichte gedachte te erkennen. Er zijn medische onderzoeken verricht naar het effect van bidden voor mensen die aan uiteenlopende ziekten lijden. Patiënten voor wie werd gebeden, genazen vaak beter en sneller, zelfs wanneer ze niet wisten dat er voor hen werd gebeden. Keer op keer horen we over mensen die stervende zijn en een wonderbaarlijke genezing doormaken, waarvoor artsen geen verklaring hebben en die alleen het gevolg kan zijn van de kracht van het gebed. Veel mensen berichten ook dat de energie van het gebed van anderen heeft bijgedragen tot hun genezing.

Bidden kan zelfs nuttig zijn voor het milieu. De Japanse onderzoeker Masaru Emoto heeft het effect van woorden als 'liefde' en 'dankbaarheid' op watermoleculen aangetoond. Hij heeft een voorval uit 1999 beschreven, toen een shintopriester een groep van 350 personen opriep naar het Biwameer te gaan, een van de meest verontreinigde meren in Japan. Enkele uren lang stond de groep aan de rand van het meer te bidden. Een maand later meldden de kranten dat de algen die zich elk jaar in het Biwameer vormen, waardoor het water vervuilt en er een verschrikkelijke stank ontstaat, niet zoals anders waren verschenen. Dat jaar werd het meer niet door algen geteisterd. Een duidelijke verklaring voor die verandering was er niet, afgezien van de kracht van het gebed.

Er zijn evenveel redenen om te bidden als er mensen zijn. We bidden om dank te zeggen of om hulp te vragen, we bidden in moeilijke tijden of ter verheerlijking, om iemand te herdenken of om zegeningen voor onze dierbaren, de overwinning of vrede af te smeken. We bidden om te zeggen: 'Laat alles alstublieft goed aflopen.' Of om te zeggen: 'Uw wil geschiede.' We bidden wanneer we ten einde raad zijn, of om een gesprek met het goddelijke te voeren. We bidden om de dag te beginnen of te besluiten. Om te bidden hoeven we niet eens een sterke band met de Essentie te voelen. De meest aangrijpende gebeden zijn ontstaan nadat de heiligen een 'duistere nacht van de ziel' hadden meegemaakt, zoals de heilige Johannes van het Kruis het noemde. Kortgeleden heb ik ergens gelezen dat Moeder Teresa, die door velen als een hedendaagse heilige wordt beschouwd, jarenlang het gevoel had dat God niet naar haar gebeden luisterde. Toch ging ze door met bidden en het verzorgen van de stervenden. Voor de meesten van ons zijn er periodes in ons leven waarin we ons zowel vanbinnen als vanbuiten van onze goddelijke Essentie afgesloten voelen. Dat betekent niet dat de Essentie niet meer bestaat en ook niet dat we er geen deel meer van uitmaken. Misschien wordt ons geloof op de proef gesteld wanneer we zulke periodes meemaken. Misschien moeten we op een andere manier leren luisteren naar de fluisteringen van de Essentie in ons leven. Of misschien wil de Essentie ons laten zien dat we in ons alles hebben wat nodig is. Ik begrijp evenmin als een ander wat de reden is voor zo'n 'duistere nacht van de ziel', maar wel weet ik dat ik in zulke omstandigheden niet ophoud met bidden. Dat mag jij ook niet doen. Ik heb veel mensen meegemaakt die door rampspoed zijn bezocht, maar die hun leven weer op de rails kregen door de kracht van het gebed – door zelf te bidden of doordat anderen voor hen baden. Dus als je je van de Essentie afgesloten voelt, moet je blijven bidden. Als je een oproep doet, zal God reageren, en zelfs als je de Essentie niet tot je kunt horen spreken, is de lijn nog steeds open.

Draai je gezicht naar het licht, zelfs als je op dit moment niet kunt zien.

BILL WILSON, MEDEOPRICHTER VAN ANONIEME ALCOHOLISTEN

Ik verbeeld me beslist niet dat ik iemand kan leren bidden. Wat iemand doet om met de Essentie in verbinding te komen is een zaak tussen ieder persoonlijk en het goddelijke. Wel wil ik erop wijzen dat je je door te bidden openstelt voor de energieën van het universum en dat je ervoor moet zorgen dat je contact maakt met de hoogste energieën. Aan het begin van elke reading omring ik me met wit licht en zeg ik een gebed ter bescherming op. Zorg er bij het bidden voor dat je de hoogste afsmeekt en om zijn aandacht en raad vraagt.

Ik ben er ook van overtuigd dat bidden concentratie vereist. Laat je gedachten niet afdwalen. Als je merkt dat je wordt afgeleid, doe dan wat nodig is om je opnieuw op de verbinding met de Essentie te richten. Wanneer je een gesprek met de hoogste probeert aan te knopen, hebben je gedachten een enorme kracht, en daarom is het nodig dat je ze op de Essentie gericht houdt. In mijn ervaring kun je een gebed het beste beginnen met dankbaarheid. Liefde en dankbaarheid veroorzaken een trilling in de geest, die van nature op de Essentie is afgestemd.

Mahatma Gandhi heeft eens geschreven: 'In het gebed is het beter om een hart zonder woorden te hebben dan woorden zonder hart.' Welk gebed er ook in je opwelt, bid met je hart en niet enkel met je mond. Je gebed hoeft niet mooi of poëtisch te zijn, maar moet gewoon oprecht zijn. Als je liever een bekend gebed opzegt, zoals het Onzevader of de rozenkrans, of een gebed uit je eigen geloofstraditie, dan kun je dat gerust doen. Zolang de woorden vanuit je hart komen, kunnen ze helpen je geest en je hart met het goddelijke te verbinden. Het is ook prima om zonder woorden te bidden. Richt je hart en geest op de goedheid, wijsheid en liefde van de Essentie. Voel de dankbaarheid in je hart. Laat jezelf opgaan in de liefde die in je aanwezig is en waaruit ook het universum bestaat, een liefde die persoonlijk is en tegelijkertijd overal om ons heen bestaat.

Ideaal gesproken is een gebed een tweespraak: wij zeggen dank, delen onze gedachten met God en daarna wachten we zwijgend op de reactie van God. Het sleutelwoord hierbij is: luisteren. Hoevelen van ons hebben periodes lang niet heel vaak gebeden, om God precies te vertellen wat er aan de hand is, om ons over van alles te beklagen of keer op keer te vragen om iets wat we willen, zonder dat we de moeite namen onze mond te houden en te luisteren naar wat God ons wellicht te vertellen had? Moeder Teresa zei ooit: 'Bidden is niet vragen. Bidden is jezelf overgeven in de handen van God, je tot Zijn beschikking stellen, en in het diepst van je hart naar Zijn stem luisteren.' In een gebed stellen we ons open voor de aanwijzingen van de Essentie. Als we naar haar aansporingen luisteren tijdens het gebed, door iets aan onze intuïtie te vragen of door te letten op de subtiele aansporingen die zich in ons dagelijks leven voordoen, dan kunnen we het pad blijven volgen van de grootste groei, de grootste liefde en het grootste geluk. Dan zullen we inzien dat de Essentie tegelijkertijd altijd bij ons is en altijd in ons is.

4

Manifesteren en Essentie

Bidt, en u zal gegeven worden; zoekt, en gij zult vinden; klopt en u zal opengedaan worden.

MATTEUS 7:7

Alles waarmee we in ons dagelijks leven te maken hebben, is ooit een droom in iemands geest en hart geweest. Manifesteren – dromen tot werkelijkheid maken – is een normaal onderdeel van de menselijke ervaring. Bij het manifesteren boren we de kracht van de Essentie aan om het ongeziene in een fysieke vorm te gieten. Omdat we allemaal van dezelfde energie als de Essentie zijn gemaakt, is de creatieve kracht ervan een deel van ons. Deepak Chopra heeft het als volgt uitgedrukt: 'Als je werkelijk zou begrijpen dat wie je bent op hetzelfde terrein van intelligentie ligt dat het lichaam, de geest en de hele kosmos schept, waarom zou je dan niet beschikken over het vermogen om te manifesteren?'

Als meisje had ik een wensbord: een prikbord waarop ik plaatjes en woorden vastprikte, die vertegenwoordigden wat ik in mijn leven wilde bereiken. Daar ben ik mee opgehouden, totdat ik er enkele jaren geleden opeens door mijn vriendin Chantal aan werd herinnerd. Sindsdien heb ik elk jaar een bijgewerkt wensbord gemaakt. De meeste van mijn televisieshows had ik al op mijn wensbord gezet lang voordat ze me werden aangeboden. Op het bord had ik de namen genoteerd van shows in de Verenigde Staten waarin ik graag wilde verschijnen, zoals de *Today Show* en *Larry King*. Ook heb ik een briefje opgeprikt met de wens dat mijn televisieprogramma in Nederland hoge kijkcijfers zou halen – en dat is nu al tien seizoenen lang het geval. Al mijn boeken stonden op mijn wensbord lang voordat ze in druk verschenen. En nadat ik het signalement van mijn ideale vriend op het bord had geprikt, heb ik een relatie gekregen. Een wensbord helpt me om mijn verlangens te visualiseren, waardoor ik mijn dromen scherp in beeld kan houden bij het besteden van mijn dag. Het is ook nuttig om me erop te wijzen wanneer ik een 'voorzetje' van de Essentie krijg, zodat ik weet dat ik op het rechte spoor zit. Bijna elke dag concentreer ik me op de dingen op mijn wensbord, en meestal wordt mijn wens binnen een halfjaar tot een jaar werkelijkheid. De energie van de Essentie is overvloedig, onuitputtelijk en onbaatzuchtig. Met hulpmiddelen als een wensbord kunnen we onze gedachten, emoties en wilskracht gebruiken om met die energie in verbinding te komen en haar ertoe te bewegen om in ons voordeel te handelen.

Een wensbord verbindt het stellen en verwezenlijken van doelen met het energieke aspect van het manifesteren, zoals beschreven in de *law of attraction*. Die wet luidt: als je je constant op iets concentreert, zul je het naar je toe trekken. Ik ben ervan overtuigd dat we onze verlangens kunnen verwezenlijken door ons erop te concentreren. Maar door bepaalde dingen die er over de law of attraction worden beweerd, raken sommige mensen van streek als ze hun dromen niet kunnen verwezenlijken. Ik denk dat er twee belangrijke factoren zijn om de law of attraction in ons leven te laten functioneren. In de eerste plaats kunnen we pas iets verwezenlijken wanneer het verlangen overeenkomt met wat de Essentie voor ons in petto heeft. Die baan waar je zo naar verlangt, is misschien niet de juiste loopbaan voor jou. De relatie waarvan jij vindt dat je die niet kunt missen, is volgens de Essentie wellicht volkomen ongeschikt voor je, of misschien ligt er een betere relatie in het verschiet. Dat je die baan of die relatie niet kon manifesteren, betekent niet dat je niet genoeg je best hebt gedaan, geen duidelijk doel voor ogen hebt gehad of welke reden dan ook die je kunt opnoemen om je ellendig te voelen over je mislukte pogingen. Misschien paste jouw doel domweg niet in de plannen die de Essentie voor jouw leven had. We moeten met de Essentie samenwerken om te ontdekken wat het beste voor ons is, in plaats van ervan uitgaan dat we aanspraak op iets kunnen maken alleen omdat we ernaar verlangen. Vergeet niet dat het leven een leerschool is en dat ons voornaamste doel op aarde is de lessen te leren waardoor we de grootste innerlijke groei zullen doormaken. Misschien beleef je je grootste innerlijke groei juist wanneer je je doel níet bereikt, of wanneer je je doel wel hebt bereikt maar dat het vervolgens op een teleurstelling uitloopt, of wanneer je een heel ander doel nastreeft en bereikt. De grootste wetenschappelijke ontdekkingen zijn vaak ontstaan doordat iemand niet het gewenste resultaat bereikte en door stom toeval een veel belangrijkere ontdekking deed. We moeten erop vertrouwen dat de Essentie altijd weet wat het beste voor ons is. Telkens wanneer we de kracht van ons verlangen en onze intentie gebruiken, moeten we proberen te achterhalen wat de Essentie met ons voorheeft.

In de tweede plaats zijn wij niet als enigen betrokken bij het creëren van onze verlangens, hoewel ieder van ons een gelijkwaardige manifestatie is van de energie van de Essentie op aarde. We maken deel uit van een onderling verbonden netwerk van energie, en onze afzonderlijke doelen, intenties en verlangens doorsnijden de doelen, intenties en verlangens van anderen. Wanneer we ons voornemen onze verlangens te manifesteren, moeten we rekening houden met de stromen universele energie die er in het spel zijn. De baan waar jij op uit bent, is misschien voorbestemd voor een vader van vijf kinderen, zodat hij zijn gezin kan onderhouden. Het huis dat aan je neus voorbijgaat, is misschien voorbestemd om volgend jaar af te branden, zodat veel verdriet en ellende je bespaard blijft. Daarom is het zo belangrijk om de Essentie aan te boren tijdens het manifesteren, om haar raad te vragen en je daarna door haar energie te laten meevoeren in plaats van ertegenin te gaan.

Een van de eerste manieren om je af te stemmen op de rol van de Essentie bij het manifesteren, is door na te gaan of je al eens eerder hulp hebt gekregen toen je iets hebt gecreëerd.

Wanneer heeft de Essentie je al eens eerder geholpen met manifesteren?

Teken drie kolommen op een blad papier. Noteer in de eerste kolom een lijstje van ten minste drie visies of doelen in je leven die zijn verwezenlijkt. Schrijf in de middelste kolom wat je hebt gedaan om de drie doelen te realiseren. Schrijf in de laatste kolom hoe de Essentie je daarbij heeft geholpen.

Hier is een voorbeeld.

Doel	Wat ik heb gedaan	Hulp van de Essentie
Promotie gekregen op mijn werk	Cursussen gevolgd waardoor ik voor de baan in aanmerking zou komen.	In een boekwinkel zag ik een studiegids liggen voor de universiteit. Ik sloeg hem open op de bladzijde waarop de cursus stond die ik nodig had.
	Aan extra projecten meegewerkt om de aandacht van mijn baas te trekken.	Mijn partner moest plotseling op zakenreis in dezelfde week dat ik overuren heb gemaakt voor het project waarmee ik de aandacht van mijn baas heb getrokken.
	Mijn ogen opengehouden voor gunstige gelegenheden. Schriftelijk gesolliciteerd naar de baan.	Op een avond zei een stemmetje dat ik een boodschap moest achterlaten voor P&O om ze te laten weten dat ik belangstelling had in een managementfunctie. De volgende ochtend werd ik gebeld met de mededeling dat er zojuist een vacature was ontstaan. Ik heb eerder gesolliciteerd dan andere kandidaten.

Hulp is altijd aanwezig, ongeacht of we ons daarvan bewust zijn. Zoals rabbijn Abraham Heschel schreef: 'De droom van God is: niet alleen te zijn, de mensheid te hebben als partner in het drama van de voortdurende schepping.' De Essentie is jouw partner in de schepping, die altijd voor je klaarstaat om een beroep op te doen.

De vijf krachtbronnen bij gecombineerd manifesteren

We hebben allemaal de kracht om onze wensen te manifesteren door ons op een doel te concentreren en ons door de Essentie te laten helpen en sturen. Voor het gecombineerd manifesteren moeten we zorgen dat de vijf krachtbronnen, zoals ik ze noem, op elkaar zijn afgestemd: (1) onze verbinding met de Essentie, (2) onze gedachten en overtuigingen, (3) onze dromen en visies, (4) onze intentie en ons verlangen, (5) onze daden en ons geloof. Wanneer deze bronnen niet allemaal dezelfde richting uit gaan, krijgen we te maken met tegenslagen, hindernissen, omwegen en zelfs mislukkingen. Wanneer de vijf krachtbronnen wel op elkaar zijn afgestemd, is alles mogelijk en kunnen onze wensen werkelijkheid worden.

De eerste krachtbron: verbinding met de Essentie

Zo de HEERE het huis niet bouwt, te vergeefs arbeiden deszelfs bouwlieden daaraan; zo de HEERE de stad niet bewaart, te vergeefs waakt de wachter.

PSALMEN 127:1

Ik weet zeker dat er periodes zijn geweest waarin je vond dat je iets had bereikt of geleerd, ook al leek het alsof het hele universum zich tegen je had gekeerd. In de loop der jaren heb ik ondervonden dat je nog zo hard kunt visualiseren, plannen en handelen, maar als je niet op één lijn staat met de Essentie worden je dromen niet verwezenlijkt of is het realiseren ervan een hels karwei – en het eindresultaat is misschien niet wat je ervan had verwacht. Verbinding maken met de Essentie is het beste richtsnoer om de hoogste en beste resultaten te manifesteren. Telkens wanneer je iets wilt creëren in je leven, moet je de Essentie beschouwen als je beste raadgever en steun: de vriend die eerlijk zegt of deze droom goed voor je is of niet. Als de droom geschikt is, zal de Essentie er voor je zijn om je te leiden, je aan te moedigen en je zo goed mogelijk helpen om je droom te verwezenlijken. Als de droom niet in je beste belang is, zal de Essentie er zijn om je overeind te helpen wanneer je valt of de brokken te lijmen als je door de droom schade hebt opgelopen.

Je kunt heel eenvoudig verbinding maken met de Essentie door naar het innerlijke stemmetje van je intuïtie te luisteren. In het algemeen kun je aan de hand van een innerlijke controle bepalen of je op het rechte spoor zit. Voelt dit doel goed? Aarzel je of heb je twijfels? Zulke intuïtieve waarschuwingen of gevoelens over iets waarbij je je niet helemaal prettig voelt, kunnen aanwijzingen zijn van de Essentie om opnieuw te bepalen wat je precies wilt manifesteren. Liggen je doelen echter wel op één lijn met de Essentie, dan kan er een gevoel van rust, liefde en frisheid over je heenkomen, een besef dat het doel waar je naar streeft goed, waar en juist is. Door af te stemmen op de Essentie wordt het manifesteren een genot en het bereiken van je doelen kinderlijk eenvoudig.

De tweede krachtbron: gedachten en overtuigingen

Wanneer je een gedachte vormt die gelijk is aan de Geest, dan vorm je een spiritueel prototype waarmee je met je intentie wordt verbonden en de manifestatie van je verlangens op gang wordt gebracht.

WAYNE S. DYER

Gedachten zijn krachtig. Gedachten zijn concreet. Ze scheppen onze werkelijkheid en kunnen 'van de hel een hemel en van de hemel een hel' maken, zoals de dichter John Milton schreef. Onze gedachten beïnvloeden ons handelen en bepalen of we voor het goede of het kwade kiezen. Uit onderzoek blijkt dat men elke dag zo'n vijftigduizend gedachten heeft, waarvan de meeste van weinig belang zijn en zich herhalen: ik heb honger, ik moet die en die bellen, hoe laat zou het zijn? Maar de gedachten waarop we ons willen concentreren, kunnen onze werkelijkheid bepalen. Ik heb eerbied en waardering voor gedachten, omdat ik hun kracht ken.

Wanneer we positief denken over wat we willen creëren, stemmen we onze geest als het ware af op een bepaalde golflengte van de Essentie die ons bij het manifesteren kan helpen. Je kunt het vergelijken met je beslissing om een bepaald model auto te kopen. Zodra je een rode Volvo hebt gekocht, zie je opeens overal om je heen rode Volvo's. Of misschien heb je zo'n magische dag waarop alles op rolletjes loopt: stoplichten springen op groen, iedereen is vrolijk en je voelt je de koning te rijk. Zelfs als je een chagrijn tegenkomt, denk je bij jezelf: die heeft gewoon een slechte dag. Ik wou dat hij zich net zo goed voelde als ik! Natuurlijk zijn er ook dagen waarop alles verkeerd lijkt te lopen. Waarschijnlijk waren de gebeurtenissen op die twee dagen niet zo heel verschillend. Dat je andere dingen opmerkte, kwam alleen door je gedachten.

Omdat gedachten zoveel kracht bezitten, is het een essentiële stap bij het manifesteren van je doelen dat je je ervan bewust wordt. Ons denken voedt onze geest en onze ziel. Net zoals onze gezondheid te lijden heeft wanneer we te veel snacks eten, kan onze geestelijke en spirituele gezondheid lijden wanneer we ons met negatieve gedachten voeden. Daarom is een regelmatig dieet van positieve gedachten, opbeurende informatie en inspirerende boodschappen zo belangrijk. Positieve gedachten leiden tot positieve resultaten. Ze maken ons ontvankelijk voor wat de Essentie ons te bieden heeft.

De krachtigste gedachten zijn overtuigingen – over onszelf, het universum, de Essentie en over wat mogelijk en onmogelijk is. Overtuigingen kunnen grenzen aan ons stellen of ons vrijlaten om te dromen en te presteren. Heb je wel eens tegen jezelf gezegd: wat zou ik dat graag in mijn leven willen creëren, maar dat is gewoon niet mogelijk? Of: het zou te veel werk zijn of te veel geld of tijd kosten of (vul zelf maar in)? Telkens wanneer je iets dergelijks zegt, maak je kenbaar dat je nog niet klaar bent om te ontvangen, zelfs al staat de Essentie paraat om je te helpen creëren. Je moet je niet alleen bewust worden van je gedachten, maar ook je overtuigingen nagaan, om eventuele blokkades in de kracht van de Essentie te kunnen opheffen.

Het veranderen of elimineren van negatieve overtuigingen valt niet altijd mee, want vaak zijn ze gebaseerd op pijnlijke ervaringen uit ons verleden. We vinden ook dat onze overtuigingen niet kunnen worden veranderd omdat ze 'waar' zijn. Heb je wel eens heilig in iets geloofd, waarvan je nu weet dat het volstrekt onwaar is? Als je ooit in elfjes of de kerstman hebt geloofd, dan is er op een gegeven moment iets in je overtuiging veranderd. Misschien heeft iemand je verteld dat die niet klopte of heb je zelf geconstateerd dat elfjes en de kerstman niet bestaan. Maar in feite heb je eenvoudig het besluit genomen om iets anders te geloven. Datzelfde kun je ook doen met elke andere overtuiging die het manifesteren verhindert. Dat geldt ook voor overtuigingen zoals: ik ben niet goed genoeg, of: dat kan niet, of: dat heb ik niet verdiend, of wat je jezelf al jarenlang allemaal nog meer hebt wijsgemaakt. De Essentie weet wel beter. De Essentie ziet wie je werkelijk bent: een complete, deugdzame, verbonden, oneindig begaafde en mooie ziel. En zodra je eenmaal je overtuigingen verandert, kun je het kanaal vrijmaken om meer te manifesteren van wat je uit het leven wilt halen. Dan is het zoals in Marcus 11:24 staat geschreven: 'Alle dingen, die gij biddende begeert, gelooft dat gij ze ontvangen zult, en zij zullen u geworden.'

'Essentiële' opvattingen over jezelf

Let op negatieve opvattingen die je hebt over jezelf of over je capaciteiten. Telkens wanneer je jezelf erop betrapt dat je denkt of zegt: dat kan ik niet, dat heb ik niet verdiend, of: het gaat nooit zoals ik wil, enzovoort, sluit dan je ogen en stel je voor dat je jezelf door de ogen van de Essentie ziet – als pure liefde, goedheid en wijsheid. Houd die overtuiging vast en vraag aan de Essentie: wat is de waarheid? Als de overtuiging is: dat kan ik niet, dan is de waarheid misschien: God kan het, of: ik kan het wél. Als de overtuiging is: het gaat nooit zoals ik wil, dan is de waarheid misschien: alles loopt op rolletjes wanneer ik me op de Essentie instel. Als de overtuiging is: dat heb ik niet verdiend, is de waarheid misschien: ik verdien het zonder meer, want ik ben liefde. Telkens wanneer de oude opvattingen naar boven komen, moet je jezelf de waarheid voorhouden zoals die door de Essentie is onthuld.

Als deze oefening je moeite kostte, heb je in je verleden misschien ervaringen opgedaan die je moet verwerken. Ik ben een groot voorstander van het gebruik van therapie voor het behandelen van problemen uit je verleden die het je onmogelijk maken gunstig over jezelf te denken. Houd jezelf voor dat God geen broddelwerk maakt. Jij maakt deel uit van de Essentie, en als zodanig verdien je het om jezelf als mooi en gaaf te beschouwen.

Wanneer je je gedachten en overtuigingen op de hoogste, positieve energie afstemt, kun je die energie beter naar je toe halen. Het is te vergelijken met het afstemmen van een radio op een bepaalde golflengte: je kunt programma's horen die je anders niet te horen krijgt. Wanneer je je gedachten en overtuigingen afstemt op de positieve 'golven' die de Essentie uitzendt, kun je op dezelfde wijze verbinding krijgen met haar kracht, die je vervolgens kunt gebruiken om steeds een betere werkelijkheid te scheppen.

De derde krachtbron: dromen en visie

Koester je visie en je dromen, want dat zijn de kinderen van je ziel, de blauwdruk van je uiteindelijke prestaties.
NAPOLEON HILL

De Essentie is de ultieme creatieve kracht in het universum, waaruit al onze dromen en visies ontspringen. Zoals in de Bijbel staat in Spreuken 29:18: 'Als er geen profetie is, wordt het volk ontbloot.' Zonder dromen en visies om naar te streven, strompelen we domweg door het leven van de ene gebeurtenis naar de andere, zonder doel, richting of bestemming. Met dromen en visies kunnen we zelfverzekerd en doelbewust lopen en veel sneller veel verder komen – zolang onze dromen en visies uit de Essentie voortvloeien.

Dromen en visies zijn twee verschillende aspecten van dezelfde generatieve kracht. Een droom is een gedachte of beeld als: wat zou dit geweldig zijn! Wanneer we dromen, stellen we ons open voor de onbegrensde mogelijkheden van het universum. We maken ons niet druk om hoe we onze dromen moeten verwezenlijken: we laten onze fantasie de vrije loop. Dromen zijn vaak de eerste stap bij het manifesteren. De dichter Carl Sandburg schreef ooit: 'Niets gebeurt, tenzij er eerst een droom is.' Het wensbord, waarover ik het hierboven heb gehad, is een manier om je dromen in woorden en beelden vast te leggen. Om je dromen nog echter te laten lijken, kun je plaatjes uit tijdschriften knippen of woorden die ze symboliseren, enzovoort. Bevestig de plaatjes en woorden op het bord in een vorm die je aandacht trekt en je blij maakt.

Voor het manifesteren moeten onze dromen over drie kenmerken beschikken. Ten eerste moeten ze diep vanuit onze creatieve impuls ontstaan, de plek waar we met de Essentie zijn verbonden. Toen we opgroeiden, hadden sommigen van ons dromen die voortvloeiden uit de verwachtingen die onze ouders volgens ons van ons hadden, wat we 'moesten' doen of met wie we 'moesten' trouwen. Maar vanbinnen wisten we dat het niet ónze dromen waren; het ging om een andere impuls die zich wilde uiten. De man van wie de familie altijd had aangenomen dat hij arts zou worden, wilde graag kunstenaar worden. De vrouw van wie haar klasgenoten aannamen dat ze na het behalen van haar diploma direct zou gaan trouwen, kwam uiteindelijk in Afrika terecht, waar ze in een gezondheidskliniek ging werken. Het kind uit het arme gezin droomde ervan een vastgoedimperium op te bouwen, terwijl het kind van seizoenarbeiders ervan droomde te gaan studeren. Onze dromen behoren tot onze grootste schatten. We moeten ze koesteren, zelfs als ze in onze omgeving volkomen uit de toon vallen en door de mensen om ons heen niet worden gesteund. We moeten diep in onszelf de impuls van de Essentie zoeken waarvoor we zijn voorbestemd om uitdrukking aan te geven.

Ten tweede moeten we onszelf toestemming geven om grootse plannen te koesteren. De Essentie wil dat we ambitieus zijn, grootse dingen doen, om onszelf op een hoger plan te brengen en ervan te leren en te groeien. Er zijn te veel mensen die voor ambitieuze ondernemingen terugschrikken, omdat ze denken dat ze minder willen of verdienen, of uit angst voor een mislukking of teleurstelling. Ik heb wel eens iemand het universum horen vergelijken met een oceaan van overvloed. Wanneer we dromen, komen we aan bij de oceaan en putten we uit zijn rijkdom. Het kan de oceaan niet schelen of we een theelepeltje of een emmer meebrengen. Hij is er slechts om zijn overvloed te verschaffen. Waarom zouden we dan geen emmer meebrengen? Als je jezelf openstelt voor een grotere overvloed en ambitieuzere dromen, bewijs je daarmee zowel jezelf als de mensheid een dienst.

> *Droom verheven dromen en zoals je droomt zo zal je geschieden.*
>
> JAMES ALLEN

Ten derde vind ik dat onze dromen opwekkend en verheffend moeten zijn, bij voorkeur zowel voor onszelf als voor anderen. Dromen die uit de Essentie voortvloeien, zijn bedoeld om ons te helpen groeien. Een egoïstische droom waar alleen één persoon van profiteert en iemand anders door wordt benadeeld, draagt het zaad van de ondergang met zich mee. Een opwekkende en verheffende droom waarvan anderen kunnen profiteren daarentegen, heeft de energie en de goedkeuring van de Essentie achter zich. Zelfs als zo'n droom niet uitkomt, is er lering en profijt uit te trekken.

Zodra we een droom hebben, creëren we een visie voor de verwezenlijking ervan. Visies maken onze dromen concreet. Met een visie geven we de emotionele lading van onze droom de kracht van onze gedachten en overtuiging. Mahatma Gandhi had een droom over een onafhankelijk India, maar bij zijn visie ging het om de toepassing van geweldloosheid om de Britten ervan te overtuigen het land te verlaten. Toen Martin Luther King jr. sprak over zijn droom dat 'de zonen van voormalige slaven en de zonen van voormalige slavenhouders op een dag samen aan de tafel van broederschap kunnen zitten', omvatte zijn visie een busboycot, protestmarsen, geweldloze demonstraties en sit-ins in lunchrooms om wettelijke gelijkheid voor alle rassen af te dwingen. Met een droom zie je het eindpunt, terwijl je met een visie zowel de weg ernaartoe als de eindbestemming kunt zien: zowel de hindernissen als het doel. Een droom voert je mee met de kracht van de emotie; visie verschaft de plattegrond waarmee je verder kunt komen. Een droom schaart anderen onder je vaandel; visie zorgt ervoor dat ze zij aan zij met je blijven marcheren.

Om te kunnen manifesteren, heb je zowel dromen als visie nodig, maar hun kracht kan zowel goede als slechte resultaten opleveren. Gandhi en Hitler werden ieder door hun droom en visie geïnspireerd, waarmee ze miljoenen aanhangers kregen. Het arme kind dat van een vastgoedimperium droomt, kan een huisjesmelker worden óf een stad omtoveren door probleemwijken te ontwikkelen en werk en betaalbare woonruimte te verschaffen. Om de kracht van je dromen en visie goed te gebruiken, moeten ze met de Essentie zijn verbonden. De Essentie is de toetssteen die ervoor zal zorgen dat je dromen en visie jou en anderen over het hoogste pad leiden.

De vierde krachtbron: intentie en verlangen

Je verlangen is een zaadje van het bewustzijn of de geest. Als je er aandacht aan schenkt, heeft het de mogelijkheid in zich voor zijn eigen vervulling.
DEEPAK CHOPRA

Onze gedachten, overtuigingen, dromen en visies vormen samen een intentie. De intentie geeft onze dromen de kracht van de geest en verbindt ze met de wereld en het universum. De intentie komt altijd vóór de schepping. God had eerst de intentie dat er licht moest zijn, en toen was er licht. Op dezelfde wijze moeten wij onze intentie kenbaar maken aan de Essentie, zodat we samen kunnen creëren wat we willen manifesteren.

Je intenties moeten duidelijk en specifiek zijn om een krachtige invloed te kunnen hebben. Herinner je je het wensbord nog? Alles wat er op het bord wordt geprikt, moet zeer gedetailleerd zijn, want soms krijg je waar je om vraagt! Het is niet voldoende om te zeggen: ik wil een huis kopen, promotie krijgen, een nieuwe relatie of meer geld verdienen. Wat voor soort huis? Waar moet het staan en hoeveel moet het kosten? Wat voor baan wil je en voor wanneer? Met wie wil je graag een relatie hebben? Vraag niet om een vriend of vriendin, maar liever om een aardig iemand die onvoorwaardelijke liefde kan geven, die je kunt vertrouwen en die zich inzet voor het geluk van jullie beiden. Wees nauwkeurig. En bedenk dat een op Essentie gebaseerde intentie, evenals een op Essentie gebaseerde droom, ook anderen profijt moet opleveren. Wie profiteert ervan als je je intentie hebt gemanifesteerd? Hoe duidelijker je intentie en hoe meer mensen er voordeel bij hebben, des te makkelijker het is om die te verwezenlijken.

Bovendien moeten intenties worden versterkt door de kracht van onze verlangens en emoties. Emoties leiden ons van wensen tot doen en stuwen ons voort wanneer onze wilskracht verslapt. Bij het inschakelen van onze emoties moeten we om te beginnen de twee grote vijanden van het manifesteren verjagen: twijfel en angst. Twijfel kwelt de geest en angst beïnvloedt de emoties, waardoor de voortgang naar ons doel wordt vertraagd. Twijfel of een gebrek aan eigenwaarde kan de creatieve stroom van de manifestatie tot stilstand brengen. Het middel tegen twijfel is zekerheid. Als je gelooft dat je iets kunt, is de kans groter dat je het zult bereiken. Zoals Wayne Dyer zegt, moet je telkens als de twijfels de kop opsteken op de deleteknop drukken.

De tweede vijand van het manifesteren, angst, verlamt ons emotioneel en snijdt ons af van onze eigen hulpbronnen en van de Essentie. Angst kan echter goed of slecht zijn. Slechte angst vloeit voort uit een gebrek aan eigenwaarde of aan vertrouwen in onszelf en in de Essentie. Die angst houdt ons klein en zorgt ervoor dat we nooit de overvloed zullen krijgen die de Essentie ons wil schenken. Zulke angsten zijn er om te worden overwonnen. Dat kan alleen als we geloven in onszelf en in de fundamentele goedheid van de Essentie, en dat vereist iets waarop we later zullen terugkomen: vertrouwen.

Goede angst is het resultaat van gezond verstand of intuïtie. Als je de intentie hebt om je eigen bedrijf op te zetten, maar over weinig of geen opleiding of kapitaal beschikt, getuigt het van gezond verstand om angstig en nerveus te zijn. Ook als je op het punt staat een bod uit te brengen op een huis – tot dusver de grootste financiële overeenkomst van je leven – is het volkomen logisch dat je je zorgen maakt. De boodschap van angst op basis van gezond verstand is: denk na en wees voorbereid. Zorg dat je een degelijk plan en genoeg geld hebt wanneer je je bedrijf begint. Voordat je een huis koopt, moet je een hypotheek hebben geregeld, tegen een gunstig tarief en een redelijke afbetaling – en een reserveplan om op terug te vallen als het onverhoopt misgaat. Goede angst wordt vaak minder als we over de situatie hebben nagedacht en ons hebben voorbereid.

De andere soort goede angst is toe te schrijven aan de aansporingen van onze intuïtie. Deze soort angst kan ontstaan zelfs als alles er rooskleurig voor je uitziet. Je hebt de intentie om met je vriend of vriendin te trouwen, maar telkens als je een aanzoek wilt doen, maakt een onberedeneerbaar gevoel van onbehaaglijkheid zich van je meester. Later kom je erachter dat je partner je heeft bedrogen. Angst kan een waarschuwing zijn van de Essentie dat deze intentie niet in je grootste belang is of domweg geen kans van slagen heeft. We moeten leren naar die prikkels te luisteren, de omstandigheden in te schatten en alleen actie te ondernemen wanneer dat juist aanvoelt.

Soms kunnen onze verlangens een belemmering vormen als we naar de wensen van de Essentie luisteren. We zeggen dat we de Essentie om raad vragen, maar eigenlijk hopen we dat die bevestigt wat we zelf willen. 'Geef me een teken als dit de ware voor me is,' bid je, maar vervolgens negeer je de lippenstift op zijn kraag en de vreemde telefoontjes. Of je komt hem op straat tegen en denkt: dit is het teken dat hij de ware is! Maar je schenkt geen aandacht aan het waarschuwingsbord naast hem waarop staat: onbegaanbare weg. De Essentie is de kracht achter je intentie, maar we hebben ook de kracht om onze vrije wil uit te oefenen en goede of slechte keuzes te maken. Je moet bereid zijn je intentie op te geven als die niet in je eigen belang is.

De vijfde krachtbron: daden en vertrouwen

Om grote dingen tot stand te brengen, moeten we eerst dromen,
dan visualiseren, en daarna plannen, geloven en handelen!
ALFRED A. MONTAPERT

Er was eens een man die veertig dagen achtereen naar de kerk ging en telkens hetzelfde gebed opzei: 'Heer, laat me de loterij winnen.' Op de eenenveertigste dag knielde hij neer in de kerk, waarop de hemel openging en hij een goddelijke stem hoorde zeggen: 'Je moet wel eerst een lot kopen, mijn zoon.'

Jij bent zelf het instrument van de Essentie waarmee je je verlangens moet manifesteren. Audrey Hepburn heeft eens opgemerkt: 'Als niemand je de helpende hand biedt, moet je eerst eens kijken naar wat er uit je eigen mouwen steekt.' De Essentie verwacht van ons dat we erop uitgaan en doen wat nodig is om onze eigen dromen te creëren. Maar als we ons te veel op ons doel richten zonder ervoor open te staan om te ontvangen, dan is het alsof we met gebalde vuisten een geschenk van iemand willen aannemen. Grote spirituele leermeesters uit allerlei tradities spreken over de combinatie van zelf moeite doen en deugdzaamheid die essentieel is om verlichting te bereiken, en dat geldt ook voor het manifesteren. Je moet er moeite voor doen, maar je moet ook openstaan voor de samenwerking met de Essentie. Bij het nastreven van onze doelen moeten we goed letten op de subtiele of niet zo subtiele energiestromen die onze pogingen omringen. Wees bedacht op toevalligheden, het gevoel dat je op de stroom meedrijft, kleine succesjes enzovoort. Hoe meer je op zulke boodschappen van de Essentie gaat letten, des te vaker zullen ze verschijnen en des te nauwkeuriger zul je ze interpreteren.

Wees ook bedacht op eventuele weerstand die je ervaart. Soms voelen we een innerlijke weerstand wanneer we worden geconfronteerd met onze oude beperkingen en ideeën over wat mogelijk is. In zulke gevallen moeten we onze weerstand doorbreken, zodat we ons kunnen ontplooien. Het bereiken van doelen is te vergelijken met het opbouwen van spieren: als het te gemakkelijk gaat, kan onze 'manifestatiespier' niet groeien. Als er sprake is van weerstand kan dat betekenen dat we tegen de stroom van het universum in proberen te gaan, om door pure wilskracht ons doel te bereiken in plaats van in samenwerking met de Essentie. Weerstand is altijd een signaal om opnieuw verbinding te maken met de Essentie zodat je het anders kunt aanpakken of je pogingen een andere richting kunt geven. Als je weerstand ondervindt, moet je even de tijd nemen om je intuïtie te vragen wat de volgende stap moet zijn. Moet je volhouden of even pauzeren? Moet je je op je huidige doel richten of van richting veranderen? Misschien moet je soepeler zijn in je aanpak en alert zijn op de verschillende mogelijkheden die de Essentie je biedt. Als je zorgvuldig naar zulke boodschappen luistert, zul je merken dat de weerstand wegsmelt of dat je vastberadener wordt om door te gaan, waardoor je sterker wordt.

Dat is juist de paradox van het gecombineerd manifesteren: we moeten ons doel nastreven, maar de resultaten loslaten. De boeddhisten noemen dit *non-attachment*: niet-gehechtheid. Als we niet aan de resultaten gehecht zijn, zeggen we tegen de Essentie: ik geef me aan je over, uiteindelijk ben jij degene die alles creëert. Ik zal mijn uiterste best doen en accepteer dat het resultaat van jou afhangt. Deepak Chopra noemt het handelen zonder verwachtingen, maar met een beoogd resultaat. Hij schrijft: 'Een beoogd resultaat zonder verwachtingen of gehechtheid brengt zijn eigen vervulling tot stand.'

Als je graag de paradox van handelen en niet-gehechtheid wilt zien, moet je eens kijken naar de deelnemers aan de Special Olympics. Het motto van de Special Olympics is: 'Ik hoop dat ik win. Maar als ik niet win, dan heb ik ieder geval mijn best gedaan.' Deze jonge sporters, die allemaal verstandelijk gehandicapt zijn, strijden met alles wat ze in zich hebben en juichen bij het bereiken van de finish, ongeacht of ze nu de eerste of de laatste zijn. Ze begrijpen dat grootheid niet afhangt van het resultaat, maar van de inspanning die ze zich getroosten en van wie ze worden bij het nastreven van hun doel. Als je je doel nastreeft en niet aan de uitslag hecht, voel je een enorme vrijheid en vreugde. Je bent blij met de resultaten die de Essentie door en voor jou heeft gecreëerd, in het besef dat de grootste prestatie is wie je bent geworden. Uiteindelijk moeten we erop vertrouwen dat de Essentie achter ons staat en dat wat er tijdens het manifesteren ook gebeurt in ons grootste belang is. Met vertrouwen kunnen we de kracht van onze emoties en wilskracht, onze verlangens en intentie aanwenden voor het creëren van onze dromen en visies. Verlangen is de brandstof, intentie is het voertuig, visie de weg en vertrouwen de witte streep in het midden die ons leidt en ons helpt onze dromen te verwezenlijken.

Manifesteren in overeenstemming met de Essentie

Afstemmen op de Essentie om iets in je leven te manifesteren, kan heel eenvoudig door te vragen. Hieronder staat een variatie op het proces dat je in hoofdstuk 3 hebt geleerd.

Stap 1: concentreer je op je verzoek en stem af op de Essentie.

Begin met je intentie op te schrijven. Noteer ernaast de redenen waarom je dit doel wilt manifesteren. Controleer of er sprake is van negatieve opvattingen of energie rond je intentie en neem ze weg voordat je je verzoek tot de Essentie richt. Ga zodra je je intentie hebt naar de ruimte waar je mediteert of naar een rustig plekje zonder afleiding. Houd pen en papier bij de hand om eventuele boodschappen die je doorkrijgt te noteren. Visualiseer altijd een wit licht om je heen en doe een schietgebedje dat elke mededeling alleen van de hoogste en beste energie van de Essentie afkomstig is.

Stap 2: denk aan je intentie, voel haar met je hart en luister naar wat de Essentie voor je wenst.

Haal een paar keer diep adem, maak je geest leeg en richt je aandacht op het nu. Blijf zitten in een verbonden, ontspannen en evenwichtige toestand. Denk nu aan je intentie. Houd die gedachte enkele ogenblikken vast en verplaats haar dan naar je hart. Laat eventuele gevoelens over je intentie zich ontwikkelen. Als het werkelijk om een 'hartenwens' gaat, iets waar jij en anderen baat bij hebben, zul je je rustig, evenwichtig en goed afgestemd voelen. Registreer eventuele gedachten, gevoelens of indrukken. Voel je twijfel of angst, vraag dan of de Essentie je kan vertellen waar die vandaan komt en of ze die voor je kan wegnemen. Vraag: 'Wil je dat dit een rol speelt in mijn leven of heb je andere plannen?' Misschien moet je je intentie aanpassen, voorlopig opzijzetten of zelfs helemaal veranderen. Je moet geloven dat de Essentie het beste met je voorheeft, zelfs als dat lijnrecht tegen je intentie indruist. Vertrouw erop dat wat je ook ontvangt of niet ontvangt voor jou het beste is voor je grootste persoonlijke groei.

Stap 3: laat je intentie los en onderneem actie om met vertrouwen in de leiding van de Essentie je intentie te manifesteren.

Intenties wachten totdat we ze samen met de Essentie verwezenlijken. We moeten in actie komen en tegelijkertijd de Essentie de kans gunnen te helpen. Zoals Goethe schreef: 'Het lot vervult onze wensen, maar op zijn eigen manier, om ons iets méér te kunnen geven dan we hebben gewenst.' Je moet ook geduld hebben. Bepaalde dingen komen in je leven wanneer God vindt dat de tijd er rijp voor is, niet wanneer jij er klaar voor bent. Wees geduldig, blijf alert en wees vol vertrouwen. Wees soepel en ingesteld op je eigen verlangens, maar ook op die van de Essentie.

Karma en lotsbeschikking

We doen zoals we zijn, en zoals wij doen, gedragen anderen zich tegenover ons; we maken zelf ons eigen geluk.
RALPH WALDO EMERSON

Er zijn twee andere factoren die ons vermogen om te manifesteren beïnvloeden: karma en lotsbeschikking. Iedere levensduur is als een hoofdstuk van een dikke roman, waarin personages terugkeren en de voorvallen uit vorige hoofdstukken invloed hebben op wat er in dit hoofdstuk gebeurt. Vaak ben ik me bij mijn readings bewust van de onderlinge karmische verbanden die ons met mensen hier op aarde en geesten aan gene zijde verbinden. Herinner je je nog het gezin waarvan de moeder, Susanna, tien jaar eerder was overleden? De vader was onlangs een nieuwe relatie aangegaan, hoewel hij nog altijd om zijn overleden vrouw treurde. Ik zei tegen hem: 'Aan de vrouw met wie je nu een relatie hebt, had Susanna karma van haar vorige levens te danken. Voordat ze op aarde kwamen, hadden ze een overeenkomst gesloten dat eerst Susanna met je zou trouwen en daarna die andere vrouw. Susanna is dolblij dat jullie nu samen zijn.'

Het karma dat we in onze vorige levens hebben opgebouwd, kan ons helpen of kwetsen. Wie goed doet, goed ontmoet: onze goede en slechte daden zijn van invloed op onze ziel en onze levens hier op aarde. Als je in je vorige leven hebzuchtig was, word je in dit leven misschien arm geboren. Als je in je vorige leven veel mensen hielp of onbaatzuchtig was, gaat het je deze keer misschien gemakkelijker af om een rijke levensstijl te creëren. Dat wil niet zeggen dat je karma moet gebruiken als smoes om niet je best te doen of dat je de Essentie niet hoeft te vragen je bij het manifesteren te helpen. De enige manier waarop we vooruitgang kunnen blijven boeken, is door het beste te maken van het karma dat we in andere levens hebben opgebouwd en deze keer ons best te doen om een goed karma te creëren.

Als karma wordt bepaald door wat we in een vorig leven hebben gedaan, is het lot datgene waarvoor we in dit leven zijn voorbestemd. Tot ons lot behoren de lessen die we moeten leren, de mensen die we moeten leren kennen en de gebeurtenissen die we moeten meemaken. Sommige elementen van ons lot liggen vast, maar de meeste niet. Ons oude karma helpt ons lot te vormen, maar bepaalt het niet helemaal. Je kunt karma beschouwen als kaarten die je zelf hebt gelegd. Zijn de kaarten van invloed op je leven? Uiteraard. Maar met dezelfde kaarten kun je op oneindig veel manieren spelen.

Vorig jaar heb ik een reading gedaan voor een gezin waarvan de vader, een beroemd toneelspeler, was overleden. Vader André kwam door met een boodschap voor zijn tienerzoon. 'Je wilt nu acteur worden, maar je vader zegt dat je ooit achter de schermen in het bedrijf wilt gaan werken, als impresario, en dat je daar heel goed in zult zijn,' zei ik tegen de jongen. 'Hij zegt dat je een "stille reus" bent, want je bent groot en sterk, en hij is trots dat je zijn naam draagt.' Je kon zien hoe blij hij was om de bemoedigende woorden van zijn vaders geest te horen. Het lot van deze jongeman wees hem in de richting van een loopbaan in het bedrijfsleven later in zijn leven, maar zijn lot wordt hoofdzakelijk gevormd door de keuzes die hij onderweg maakt.

In een ander geval kwam een vrouw, Maria, bij me voor een reading. Ze had haar depressieve man verloren doordat hij zelfmoord had gepleegd. (Zoals in hoofdstuk 6 aan de orde zal komen, is zelfmoord nóóit een oplossing voor slecht karma. Zelfmoord is altijd een keus, geen noodlot – en uiteindelijk een zeer slechte keus. Niet alleen worden de achtergeblevenen erdoor verwoest, maar het snijdt ons ook af van de lessen die we in dit leven moeten leren. Wanneer mensen een einde aan hun leven maken, moeten ze nog groeien, hetzij in de geestenwereld of door reïncarnatie. Ze moeten de lessen leren die hun geest heeft gemist in het leven waar ze zelf een einde aan hebben gemaakt. We kunnen geen lessen overslaan. We moeten simpelweg terugkomen en ze alsnog leren met nog meer slecht karma als gevolg van de zelfmoord.) Ik bespeurde onmiddellijk dat haar man aan gene zijde bij zijn grootmoeder was. Maria zag er zo triest uit toen ze me vertelde dat voor haar het ergste was dat de liefde die zijn gezin voor hem voelde niet sterk genoeg was geweest om hem te redden.

'Iedereen dacht dat ze hem beter konden maken, maar hij wilde zelf niet beter worden,' zei ik. 'Hij heeft geen briefje achtergelaten, hè? Ik voel dat hij niet van plan was te sterven. Hij wilde het noodlot tarten door op de rails te springen om te zien of hij aan de overkant kon komen voordat de trein voorbijkwam. Als hij het van plan was geweest, zou hij een briefje hebben achtergelaten. Hij zegt dat het hem vreselijk spijt.'

Maria moest huilen, maar was ook opgelucht om te horen dat het goed ging met haar man. Daarna kreeg ik nog iets door wat haar verraste. 'Dennis, je man, zegt dat hij wil dat je weer gaat leven. Er komt iemand opdagen die in je leven hoort. Met die nieuwe man heb je een karmische band. Dus hoewel Dennis voor zichzelf niet verstandig kon kiezen, moet jij voor jezelf en je zoon wel de juiste keuzes maken.'

Ik denk dat veel van zulke boodschappen die ik doorkrijg bedoeld zijn als bakens, die mensen de weg wijzen naar de keuzes die voor hen het beste zijn.

Ons noodlot wordt telkens gevormd door de lessen die we hier moeten leren en de keuzes die we maken. Er is een verhaal van een vrouw die naar een leermeester in het Oosten ging en zich over haar lot beklaagde.

'Je bent zelf degene die je lot bepaalt,' zei de meester.

'Maar ik ben als vrouw geboren. Dat heb ik toch zeker niet zelf bepaald?' vroeg ze verbitterd.

'Dat je als vrouw bent geboren, is je lotsbestemming. Wat je met je vrouw-zijn doet, is je lot,' antwoordde de meester.

Wat we doen met wat ons is gegeven, bepaalt ons lot en de vordering van onze ziel van het ene naar het andere leven. Ongeacht of de gebeurtenissen in ons leven zijn voorbestemd, een gevolg zijn van oud karma, of iets waarmee we voor het eerst worden geconfronteerd, wordt ons lot zowel hier als in het hiernamaals door onze keuzes bepaald. Daarom is het zo belangrijk om in contact te blijven met de Essentie ten aanzien van het leven dat we leiden en het kiezen van wat we willen manifesteren. Vanzelfsprekend kan het onderhouden van contact met de Essentie niet voorkomen dat je fouten maakt. Fouten horen bij onze ontwikkeling en onze vooruitgang. Misschien ben je een relatie aangegaan waarvan je besefte dat die een vergissing was, maar heb je je zodanig ontplooid dat je klaar was voor de liefde van je leven. Zoals ik eerder heb gezegd: bepaalde dingen zijn voorbestemd, zodat we ze kunnen ervaren, of dat nu gaat om vergissingen, pijnlijke keuzes of een gemakkelijk leventje. Maar vooral bij de negentig procent van levenskeuzes die niet zijn voorbestemd kan de Essentie ons helpen kiezen wat voor ons het grootste goed zal zijn. Het grootste goed moet altijd het doel zijn als we de Essentie willen vragen ons te helpen bij het manifesteren in ons leven.

5

Dit is je mooiste dag!

Vandaag komt voor mij een nieuwe zon op; alles leeft, alles is bezield, alles lijkt tegen me te spreken over mijn hartstocht, alles nodigt me uit haar te koesteren.

ANNE DE LENCLOS

Stel je voor dat je 's ochtends wakker wordt op een dag waarvan je weet dat die heel bijzonder gaat worden. Misschien ben je jarig of viert iemand van wie je houdt zijn verjaardag. Wellicht komt er iemand die je heel graag mag en die je al heel lang niet hebt gezien bij je op bezoek. Of het is de dag waarop je aan je droombaan of je welverdiende pensioen gaat beginnen. Misschien is het de dag waarop je de reis gaat maken waarvan je altijd hebt gedroomd. Misschien is het de diploma-uitreiking of de eerste schooldag van je kind. Op zulke ochtenden ben je vervuld van opwinding en een tintelende vreugde. Je verheugt je al op alle momenten van de dag die voor je ligt. Stel dat je dat gevoel elke ochtend had? Dat kan, want elke dag zou de mooiste dag van je leven kunnen worden. Door de drukte van het dagelijks leven vergeet je al snel dat elke dag een kostbaar geschenk is. Zelfs als we met schijnbaar onoverkomelijke obstakels voor ons geluk kampen, geeft de Essentie ons een dag waarin we rust en tevredenheid kunnen vinden. Elke dag is als een schone lei, je kunt hem besteden zoals je graag wilt. Ook als het verleden zwaar op je drukt en de toekomst er somber uitziet, heb je de dag van vandaag. En op die dag is alles mogelijk. Een oud Eskimospreekwoord luidt: 'Gisteren is as, morgen hout. Alleen vandaag brandt het vuur helder.'

Onze nauwste band met de Essentie ontdekken we wanneer we de dag koesteren die ons is geschonken. Denk aan de periodes in je leven waarin je gelukkig was: aan de kus die je nooit zult vergeten, de eerste glimlach of het eerste stapje van je kind, bij een wedstrijd over de finish gaan, de glimp van een berg of de oceaan in de verte die je de adem benam, met je geliefde in je armen bij de open haard zitten, met je hond over een strand hollen of een ander geluksmoment dat je is bijgebleven. Op zulke ogenblikken was je er met je volle aandacht bij en met de Essentie verbonden. Het kunnen dramatische of alledaagse ogenblikken zijn, een hoogtepunt in je leven of een eenvoudige gunst, maar ze zijn allesbehalve gewoon. In feite gaat het om de ware beleving van het leven, die ons op vrijwel elk moment kan treffen als we onze aandacht maar op het geschenk van het heden richten.

Net als veel mensen heb ik een bijzonder druk leven, waardoor ik vaak vergeet het geschenk van elke nieuwe dag te waarderen of me op het heden te concentreren in plaats van plannen voor de toekomst te maken. Zoals we in het vorige hoofdstuk hebben gezien, is de toekomst het overwegen waard wat betreft het manifesteren van onze verlangens. Het treurigste wat iemand kan overkomen, is dat hij door zijn aandacht voor de toekomst het zicht op het heden verliest, want de dag van vandaag komt nooit meer terug. Dat heb ik vaak meegemaakt bij mensen die voor een reading bij me komen omdat ze iets niet tegen een dierbare hadden gezegd of hadden verzuimd een breuk te lijmen of iets aardigs te doen, waarna ze die persoon aan de dood waren verloren. Die spijt drukt zwaar op ons hart en op de geesten van hen die zijn overgegaan. Daarom is het zo belangrijk om niet noodzake-lijkerwijs vóór vandaag te leven, maar ín vandaag.

Er is een oud Sanskritisch gebed genaamd 'Begroeting van de dageraad' dat ik graag lees.

Kijk naar deze dag,
Want hij is het leven, het ware leven van het leven.
In zijn korte verloop liggen alle mogelijkheden
en realiteiten van ons bestaan besloten:
de zegen van groei,
de glorie van handeling,
de pracht van schoonheid.
Want gisteren is al een droom,
en morgen slechts een visioen;
maar als men vandaag op een goede manier leeft,
wordt iedere vorige dag een droom van geluk
en iedere volgende dag tot een visioen van hoop.

Om het meeste uit je leven te halen, moet je leven alsof vandaag je laatste dag op aarde is of de laatste dag van de mensen om wie je geeft. Leef alsof elk moment kostbaar is, want dat is het ook. Als je met dat bewustzijn leeft, kan elke dag inderdaad de mooiste van je leven zijn.

Begin de dag met een innerlijke attitudetest

Als God nog een dag aan ons leven toevoegt, laten we die dan weer blijmoedig aanvaarden.
SENECA

'Een goed begin is het halve werk,' hoorde ik vaak in mijn jeugd, of: 'Ze is met het verkeerde been uit bed gestapt,' als iemand chagrijnig was. De manier waarop we de dag beginnen, kan van invloed zijn op ons vermogen om de goedheid van de dag te ontvangen. Ik stel voor dat je elke dag begint met een paar rustige ogenblikken om te bidden, na te denken of gewoon dank je wel te zeggen. De grote dichter Kahlil Gibran schreef: 'Bij het ochtendgloren te ontwaken met een gevleugeld hart, dankbaar voor weer een dag van liefhebben.' Met de nieuwe dag hebben we een prachtig geschenk gekregen, en we kunnen ervoor kiezen die vol dankbaarheid en tevredenheid te beginnen, verbonden met onze innerlijke bron van liefde. Ga stil zitten, noteer eventuele boodschappen die bij je opkomen en pas ze toe terwijl je je dagelijkse routine afwerkt.

Verbinding maken met de Essentie door gebed en dankbaarheid is vooral nuttig in tijden van stress of verdriet, want juist dan hebben we behoefte aan de steun en kracht van de Essentie om ons erdoorheen te slepen. Viktor Frankl, psychiater, Holocaust-overlevende en auteur van *De zin van het bestaan*, schreef dat hij in het concentratiekamp, wanneer een normaal mens de gruwelijke werkelijkheid van de dag niet meer zou kunnen verdragen, vaak troost vond in zijn spirituele leven, dat zelfs de nazi's niet konden vernietigen. Als we een uitdagende dag voor de boeg hebben, kunnen we het beste 's ochtends een beroep doen op de Essentie. Zoals in psalm 27 staat: 'De HEERE is mijns levens kracht, voor wien zou ik vervaard zijn?'

Zodra je met de Essentie bent verbonden, moet je even je innerlijke houding controleren. Ben je in een goede of slechte bui? Zit je iets dwars, en zo ja: wat dan? Heb je goed geslapen? Je lichamelijke toestand is van invloed op je houding, en een goede nachtrust is zonder meer belangrijk voor een goed begin van de dag. Pieker je over iets wat je te wachten staat? Vraag dan of de Essentie je kan laten zien wat je moet doen. Zit je in over iets uit je verleden? Laat het verleden rusten en houd je bezig met het heden. Is er iets in de toekomst waar je tegen opziet? Neem je voor 'te doen wat je kunt, met wat je hebt, waar je bent', zoals Theodore Roosevelt schreef. De houding waarmee je de dag tegemoet treedt, bepaalt of vandaag je mooiste of je slechtste dag zal worden. Eigenlijk zou je elke dag, zodra je wakker wordt, je innerlijke houding moeten controleren. Net als het flossen van je tanden houdt het je gezond en zorgt het voor een stralende glimlach!

Zelfs als je wakker wordt met een slecht humeur of je gewoon niet lekker voelt, mag je dat niet op andere mensen afreageren. Het enige wat je daarmee bereikt, is dat je je negatieve gevoelens op anderen overbrengt. Als je merkt dat je een slechte bui hebt, neem je dan voor nog beter met anderen om te gaan dan als je in een goede bui zou zijn. Span je extra in om aardig te zijn. Sta je zitplaats in de trein aan een ander af. Als iemand je in het verkeer probeert te snijden, laat hem zijn gang gaan en lach vriendelijk naar hem in plaats van je middelvinger op te steken. Telkens wanneer je doelbewust iets aardigs doet, zal je houding verbeteren. Je weet tenslotte nooit wat jouw sympathieke gebaar voor een ander betekent.

Eenvoudige aanpassingen van je innerlijke houding

Een eenvoudige manier om je houding 's ochtends te veranderen, is door te denken aan iets wat je blij maakt. Wat zou je het allerliefste willen doen? Wie is je favoriete persoon? Wat is de beste herinnering van je leven? Waar ontspan je je het liefst? Aan welke plek bewaar je de beste herinneringen? Verplaats je in die herinneringen en voel weer wat je destijds hebt gevoeld. Door aan zulke dingen te denken, verschuif je je aandacht naar betere tijden, waardoor ook je houding zal veranderen.

Je kunt je ook voorstellen dat je door helder wit licht of zonlicht wordt omgeven. Neem de energie van het licht in je op, als bescherming tegen negatieve gevoelens of gebeurtenissen.

Een andere goede remedie tegen een slecht humeur of een slechte houding is de natuur in trekken. Er is niets zo genezend als het natuurschoon van onze wereld, maar de meeste mensen raken hoe langer hoe meer van deze belangrijke energiebron afgesloten. Als ik moe of gestrest ben, krijg ik in de natuur een gevoel van evenwicht en word ik kalmer en rustig. Anne Frank schreef over de kracht van de natuur: 'Voor ieder die bang, eenzaam en ongelukkig is, is stellig het beste middel om naar buiten te gaan, ergens waar hij helemaal alleen is, alleen met de hemel, de natuur en God. Want dan pas, dan alleen, voelt men dat alles is zoals het zijn moet en dat God de mensen in de eenvoudige, maar mooie natuur gelukkig wil zien. Zolang dit bestaat en dat zal altijd wel zo zijn, weet ik, dat er in welke omstandigheden ook, een troost voor elk verdriet is. En ik geloof stellig, dat bij elke ellende de natuur veel ergs kan wegnemen.' Hoewel Anne Frank in de Tweede Wereldoorlog ondergedoken zat en twee jaar lang niet naar buiten was geweest, begreep ze hoe de natuur ons met de Essentie in verbinding kan brengen.

Integreer het in je dagelijkse routine om even de natuur in te gaan. Maak een wandeling, ga een rondje fietsen door een park of langs het water, of trek het bos in. Maak je handen vuil in de tuin. Ga op een bankje in het park zitten en voer de vogeltjes. Ga een ommetje maken met een kind of een huisdier en zie hoe het zich verbindt met de wereld om zich heen. Lichaamsbeweging en wandelen in de natuur kan de geest verfrissen en je energie op peil brengen. Als iets je dwarszit, kun je de gedachte of situatie die je zorgen baart op een blaadje schrijven, het op een winderige dag mee naar buiten nemen en de gedachte of situatie door de wind laten meevoeren. Je kunt ook een kaars aansteken en het velletje verbranden. Laat de gedachte gaan en vertrouw erop dat de Essentie je zal geven wat je nodig hebt om alles in je leven het hoofd te kunnen bieden.

Dr. Heartsill Wilson heeft eens een gedicht geschreven over het belang van elke dag.

Dit is het begin van een nieuwe dag.
Ik heb deze dag gekregen om te gebruiken zoals ik wil.
Ik kan hem verspillen of gebruiken.
Ik kan er een dag van maken om nog lang aan terug te denken
vanwege zijn vreugde, zijn schoonheid en zijn verrichtingen, of
hij kan worden gevuld met onbelangrijke dingen.
Wat ik vandaag doe is belangrijk, omdat ik er een dag van mijn
leven voor inruil.
Wanneer het morgen wordt, is deze dag voorgoed voorbij, maar
dan heb ik iets wat ik ervoor heb geruild.
Het is misschien slechts een herinnering, maar als die waarde-
vol is, zal ik geen spijt hebben van de prijs.

Bedenk dat vandaag een geschenk is dat nooit meer terugkomt. Begin de dag daarom goed en besteed hem zo verstandig als je kunt.

Samenwerken met de Essentie

Voor hen die op de ondersteunende Oneindige leunen, is de dag
van vandaag rijk aan zegeningen.
MARY BAKER EDDY

Op dezelfde manier waarop je elke dag met een positieve houding moet beginnen, moet je je best doen om samen met de Essentie de dag door te komen. Denk aan de law of attraction: als je je aandacht naar binnen richt om iets te creëren, zul je dat ook in de buitenwereld opmerken of naar je toe trekken. Benader daarom elke dag met een positieve blik en de verwachting dat de Essentie je partner zal zijn naarmate de tijd verstrijkt. Als we ons ervan bewust zijn, kunnen we overal om ons heen wonderen zien, zogeheten 'magische momenten', waarop de tijd lijkt stil te staan en ons hart een sprongetje maakt. Een speciale blik in de ogen van een geliefde. Een bloem die tot bloei komt. De lach van een kind. Een schitterende regenboog. Een zonsondergang in een stormhemel. Dat zijn ogenblikken waarop we ons met ons hele wezen verbazen over het wonder van het leven. Zulke ervaringen koesteren we om hun magie en omdat we weten dat ze vluchtig zijn. Hoe hard we het ook proberen, we kunnen ze niet vasthouden. Wel kunnen we ze in ons geheugen opslaan en ze gebruiken om op elk gewenst moment met de Essentie in verbinding te komen. Zulke momenten zijn een onverwacht geschenk van het universum, maar ik ben ervan overtuigd dat we ze elke dag kunnen meemaken als we er maar op bedacht zijn.

Contact houden met de Essentie moet elke dag centraal staan. Gelukkig is dat niet moeilijk: je hoeft alleen maar af en toe aan de Essentie te denken en daarna de verbinding te controleren door je intuïtie te gebruiken. Je kunt het vergelijken met een mobiele telefoon die is uitgerust met een radiofunctie, d.w.z. een knop die je kunt indrukken om te spreken. Met een druk op die knop kun je iemand bellen die een telefoon op dezelfde golflengte heeft. (Althans, zo stel ik het me voor, want van techniek heb ik geen verstand.) Met je intuïtie kun je een soortgelijke verbindingsknop creëren om contact op te nemen met de Essentie. Neem daarna verspreid over de dag af en toe de tijd voor een intuïtieve 'verbindingscontrole'. Richt je aandacht naar binnen en zeg: 'Ik ben er, Essentie. Is er iets wat ik moet weten?' Door je gewoon even te melden, kun je je dag beter afstemmen op de raadgevingen van de Essentie.

Die innerlijke verbinding is vooral erg nuttig wanneer alles niet helemaal op rolletjes loopt. Op zulke momenten kunnen we erbovenop komen door de Essentie om hulp en aanwijzingen te vragen. Per slot van rekening zijn we hier om lessen te leren en ons te ontwikkelen, en dat zou niet gebeuren als alles gesmeerd zou lopen. Verwacht dus niet dat je in je leven volmaakt gelukkig zult zijn en dat je geen zware tijden zult kennen. Wel kun je, als je steeds voor een goede communicatieverbinding met de Essentie zorgt, rekenen op steun om overal tegen opgewassen te zijn. Er is een verhaal over een vrouw die sterft en naar de hemel gaat. Ze kijkt terug op haar leven, dat ze vergelijkt met een wandeling langs een prachtig strand. In het zand ziet ze haar voetsporen en ernaast nog een paar: die van God. Het valt haar op dat ze in de zwaarste periodes van haar leven maar één stel voetsporen ziet.

'Hoe kon U me in de steek laten juist toen ik het zo moeilijk had?' roept ze uit.

'Ik heb je niet in de steek gelaten,' antwoordt God. 'Toen heb ik je gedragen.'

Een van de beste manieren om gedurende de dag in contact te blijven met de Essentie is door je helemaal te richten op de taak die je moet volbrengen. Zenmeesters zeggen: 'Voor de verlichting: hout hakken en water dragen. Na de verlichting: hout hakken en water dragen.' De meesten van ons vervullen onze dagelijkse plicht met een zekere mate van energie, enthousiasme en concentratie, maar niet met volle aandacht of van harte. De verlichten beseffen dat elke handeling, al ons werk, mits met overgave en liefde gedaan, een uiting wordt van de Essentie die zich in de wereld manifesteert. Werken wordt dan een offerande, maar ook een genoegen. Ben je wel eens zo geconcentreerd bezig geweest dat je de tijd vergat? Op zulke momenten was je verbonden met het tijdloze karakter van de Essentie. Je ging helemaal op in het nu, werd geheel in beslag genomen door je taak en vervuld van het volbrengen ervan. Zulke ogenblikken kun je naar eigen goeddunken creëren door je volledig op je werk te concentreren en dat aan de Essentie op te dragen.

'Je dagelijks leven is je tempel en je godsdienst,' schreef Kahlil Gibran. Elke activiteit, van lichamelijk routinewerk of de zorg voor kinderen tot de meest gecompliceerde intellectuele inspanning, kan heilig zijn als die met volle overgave en onzelfzuchtige liefde wordt verricht. Dat wil niet zeggen dat je er zelf geen baat bij hebt. Integendeel, volgens mij zul je er zelfs meer profijt van hebben als je er zowel aandacht als liefde in stopt. Het betekent wel dat je werk aan een bepaald doel moet beantwoorden dat verder gaat dan plichtsbetrachting of persoonlijk profijt. Als je bij je dagelijkse bezigheden welbewust de Essentie als partner kiest, zul je merken dat het werk liefdevol wordt.

De Essentie wil dat we elke dag op zoek gaan naar het beste in onszelf en bij anderen. Zoeken naar het beste betekent niet dat we alles door een roze bril moeten zien. Natuurlijk gebeuren er vreselijke dingen in de wereld en zijn er mensen die het slecht met ons voorhebben of die vinden dat onze inspanningen en behoeften met die van hen concurreren. De Essentie heeft ons geschapen om het hoogste na te streven, maar heeft ook een natuurlijke wereld gecreëerd waarin de grote dieren de kleine verslinden en waarin overleven de voornaamste drift is. Het verschil is dat wij, toen we ons hebben ontwikkeld tot het punt waarop we als mensen worden geboren, een geest en een ziel hebben gekregen met de drang om ons te ontwikkelen tot iets wat steeds meer gaat lijken op de Essentie waaruit we zijn ontstaan. Wanneer we besluiten het beste in onszelf en anderen te zoeken, negeren we niet de energie en de mensen die ons wellicht neerhalen, maar leggen we hen en onszelf een hogere maatstaf van gedrag op. Stel dat iemand op het werk besluit knoeiwerk te accepteren omdat het te veel moeite zou zijn het te herstellen. 'De baas merkt toch niet dat het niet door de beugel kan en we zitten al tot over onze oren in het werk,' zegt je collega. 'Waarom zouden we de tijd nemen om het goed te doen als het geen enkel verschil maakt?' Maar het maakt wel degelijk verschil. Misschien niet voor het product, maar in elk geval voor de maatstaven die de groep zichzelf oplegt. Er is lef voor nodig om te zeggen: 'Dit moeten we rechttrekken, want we leveren geen prutswerk.' Als je samen met de Essentie de dag doorkomt, weet je dat je er goed aan doet om voor je mening uit te komen. En wanneer we ons best doen, verleent de Essentie de steun die we nodig hebben. De grote wetenschapper en schrijver Booker T. Washington schreef: 'Het leven van een mens wordt voortdurend met onverwachte aanmoedigingen gevuld als hij zich voorneemt om elke dag zijn uiterste best te doen.' Neem je vandaag voor om je best te doen, ongeacht de maatstaven van de mensen om je heen, en je zult zien dat het universum je toejuicht.

De zoektocht naar het beste begint altijd bij onszelf. We moeten besluiten kwaad met goed te vergelden, de andere wang toe te keren en af te stappen van de mentaliteit van oog om oog, die zoveel conflicten in de wereld veroorzaakt. Stel dat je op een ochtend ruzie krijgt met je partner. De situatie loopt uit de hand en jullie stormen allebei kwaad het huis uit. Meestal bellen jullie elkaar in de loop van de dag een paar keer, maar vandaag pakken jullie geen van beiden de telefoon. Als je 's avonds thuiskomt, word je met een ijzige stilte begroet. Wanneer je naar het beste in jezelf zoekt, zul je ervoor kiezen om als eerste je verontschuldigingen aan te bieden, zelfs als je vindt dat jij gelijk had. Je zegt dan bijvoorbeeld: 'Het spijt me dat ik je vandaag niet heb gebeld. Ik hou te veel van je om boos op je te blijven. Kunnen we het uitpraten? Ik wil graag jouw standpunt begrijpen.' Het beste in onszelf is bewust, zorgzaam, streeft eerder naar begrip dan zelf te worden begrepen en wil in het algemeen onszelf en anderen in contact brengen met de beleving van de Essentie, die liefdevol en wijs is.

Het is makkelijker om anderen te helpen als we binding houden met het evenwicht en de rust van de Essentie. We kunnen eenvoudige woorden en daden bedenken die een heel groot verschil maken. Onlangs hoorde ik over een vrouw die zich had voorgenomen een hele dag lang aardig te zijn tegen iedereen die ze tegenkwam. Ze zocht doelbewust naar gelegenheden om mensen vriendelijk toe te lachen, hen een handje te helpen en hun behoeften voor de hare te stellen. Na haar werk ging ze naar de supermarkt. Terwijl ze met haar volle karretje in de rij stond, zag ze achter zich een getergde jonge moeder staan, met onder haar ene arm een paar boodschappen en op haar andere een huilende peuter.

De eerste vrouw glimlachte en zei: 'Gaat u maar voor.' De jonge moeder zag eruit alsof ze wel kon huilen, maar ze lachte terug, zei: 'Dank u!' en legde haar spullen op de band. Nadat ze had afgerekend, draaide ze zich om naar de andere vrouw en zei: 'We wonen nog niet zo lang in deze buurt, en het valt niet mee. Ik ken hier helemaal niemand, en ik kan er niet meer tegen. Vanochtend zei ik tegen mezelf: als er vandaag niemand vriendelijk tegen me doet, verhuis ik terug naar mijn oude stad. Dat u me voor hebt laten gaan, is voor mij een teken dat alles goed komt. Dank u wel!' Opgefleurd en verbonden met iets wat groter was dan ieder van hen afzonderlijk liepen de vrouwen de winkel uit. Wanneer we in samenwerking met de Essentie aardig zijn, aandacht aan anderen besteden en bewust ons best doen, beleven we niet alleen wonderen, maar dragen we er actief ons steentje aan bij.

Je hebt de capaciteiten om de wereld in een oogwenk te veranderen. Het enige wat je moet doen, is een eenvoudige keuze maken. Kies je voor een wereld van liefde en dankbaarheid of voor een gekwelde wereld vol ontevredenheid en verarming?

MASARU EMOTO, *DE VERBORGEN BOODSCHAPPEN IN WATER*

Ik geloof niet alleen heilig in volledige concentratie op je werk en het waarnemen van magische momenten, maar ben er ook een groot voorstander van om actief een dag te creëren waar je trots op kunt zijn en van kunt genieten. Velen van ons worden heen en weer geslingerd tussen domweg de dag zonder vooropgezet plan te laten verlopen en alles zo strak te plannen dat er geen ruimte overblijft voor de spontaniteit om ons door de Essentie te laten verrassen en verrukken. Plannen kunnen nuttig zijn; ze helpen om dingen gedaan te krijgen. Ik zou echter willen voorstellen dat je bij het indelen van je dag rekening houdt met momenten om na te denken, te ontspannen en voor onverwachte dingen. Neem je voor om elke dag ten minste één moment van geluk, plezier, vreugde of rust in te plannen. Dat kan bijvoorbeeld zijn een dansles of fitnesstraining in je lunchpauze, een wandeling langs het strand, een mooi boek lezen of naar inspirerende muziek luisteren of gewoon een kwartiertje gaan liggen om uit te rusten. Zoals een Sanskritisch spreekwoord luidt: 'Wiens dagen voorbijgaan zonder goede werken en zonder genot gelijkt de blaasbalg van een smid: hij ademt wel, maar hij leeft niet.'

Ik ben ervan overtuigd dat we onze dagen creëren door de keuzes die we telkens maken. We kunnen ons zo gedragen dat we liefde en licht uitstralen, die we daardoor naar ons toe halen, of we kunnen ons hart tegen de angst beschermen. We kunnen behulpzaam zijn of kwetsend, moedig of laf. We kunnen kiezen voor de juiste weg of voor de makkelijkste. We kunnen onze eigen behoeften vooropstellen of anderen bij onze inspanningen betrekken. We kunnen naar de Essentie luisteren en ons erdoor laten leiden of voortsukkelen en alles zo moeilijk mogelijk doen. Door de keuzes die we maken, scheppen we de wereld om ons heen. De beste manier om je dag door te brengen, is door steeds je doel voor ogen te houden, terwijl je openstaat voor de geschenken van de Essentie.

Maar hoe zit het met de dingen in ons leven waarvoor niemand ooit zou kiezen? Net zoals je in het heelal zowel donker als licht hebt, maken ellende en verdriet deel uit van ons leven, of we dat willen of niet. Wel hebben we altijd de keus om te zoeken naar manieren waarop we ons voordeel kunnen doen met onze ellende en ons verdriet. Van de transactie die niet doorgaat, leer je hoe je met de volgende cliënt moet praten. De minnaar die je heeft bedrogen brengt je ertoe om voor jezelf op te komen en te zeggen: 'Nu is het genoeg geweest.' Door een ziekte, handicap of ongeluk word je voor het eerst van je leven gedwongen te ontvangen, en zo ontdek je hoeveel mensen er werkelijk van je houden.

Ik heb eens een reading gedaan voor een jonge vrouw, Yolanda. Haar moeder had terminale kanker en wilde thuis sterven. Ze werd in haar eigen huis door de dochter verpleegd. Op een dag bracht Yolanda iets mee wat moest worden gerepareerd, maar ze was vergeten dat haar moeder allergisch was voor lijm. De dampen veroorzaakten een allergische reactie bij haar moeder, die met spoed naar het ziekenhuis werd gebracht. Het mocht niet baten. Yolanda vond dat ze de dood van haar moeder had veroorzaakt, maar toen haar moeder via mij sprak, had ze een heel andere boodschap voor haar dochter. 'Als je moeder niet aan de allergische reactie was bezweken, zou ze een trage dood zijn gestorven. Ze zegt dat dit haar veel leed heeft bespaard.' Daar had Yolanda nooit aan gedacht, omdat ze haar moeder zo lang mogelijk bij zich had willen houden. Maar de Essentie was barmhartiger en zorgzamer. Het 'ongelukje' had het lijden van de moeder verkort, en Yolanda voelde zich gerustgesteld door de reading.

De heilige Basilius schreef: 'Menigeen vervloekt de regen die op zijn hoofd valt, zonder te beseffen dat die voor overvloed zorgt om de honger mee te verdrijven.' We hebben de keus om onze problemen vanuit een ander gezichtspunt te bekijken en actief te zoeken naar de diepere zin die ons met de Essentie verbonden houdt. Zelfs als we die op dat moment niet kunnen zien, kunnen we er altijd op vertrouwen dat alles wat er in ons leven gebeurt voor onze bestwil en onze grootste innerlijke groei is.

De boodschappen om ons heen

Werp altijd je vishaak uit. Waar je dat het minst verwacht, zit er vis in de beek.

OVIDIUS

Als je de hele dag door werkelijk op de Essentie bent afgestemd, zul je merken dat je vaak een boodschap krijgt met raadgevingen. Soms gaat het bij zo'n boodschap om een subtiele verschuiving van je innerlijke energie. Op andere momenten zul je verband leggen tussen wat er gebeurt en wat de Essentie je wil laten weten of vindt dat je moet doen. Het is aan ons om 'goed te letten op de fluisteringen van God', zoals de muziekproducer Quincy Jones ooit heeft gezegd. We moeten steeds afgestemd zijn op boodschappen die de Essentie ons zou kunnen sturen.

Sommige mensen krijgen een bepaald teken als de Essentie met hen wil communiceren. Een cliënte van me loopt op straat in de drukke stad waar ze woont en denkt aan een beslissing die ze moet nemen of aan iemand met wie ze een afspraak heeft. Dan ziet ze op de stoep een veer liggen. Uit ervaring weet ze dat de veer een symbool is van de Essentie om haar te laten weten dat ze op de goede weg is. Voorwerpen zoals veren die te vaak opduiken om toevallig te zijn, kunnen specifiek voor jou zijn bedoeld. Let op zulke verschijnselen om te zien of ze verband houden met situaties waarin je leiding, hulp of advies nodig hebt.

We kunnen letten op boodschappen die we ontvangen, maar ook bewust mogelijkheden scheppen om ze te ontvangen. Ik weet van mensen die naar de lucht kijken om te zien of ze in de wolken een boodschap kunnen herkennen. Zo'n ogenblik kun je ook gebruiken om je geest tot rust te brengen en je intuïtie te laten spreken. Bedenk dat we door onze intuïtie rechtstreeks met de Essentie in contact staan. Je kunt je intuïtie gebruiken om de informatie die je via je andere zintuigen ontvangt te interpreteren, bijvoorbeeld als je je afvraagt of je je huidige baan moet opzeggen en naar een andere moet uitkijken. Je hebt geruchten opgevangen dat het bedrijf in de problemen zit, maar niets concreets. Je loopt in je lunchpauze op straat en je blik wordt getrokken door een bord in een winkeletalage: OPHEFFINGSUITVERKOOP! Of misschien ga je met je broodtrommeltje op een bankje in het park zitten, waar de wind een stuk krant tegen je been blaast. Het is een pagina uit de rubriek vacatures. In beide gevallen gaat er een rilling of een flits van intuïtie door je heen. Je begint onmiddellijk naar een nieuwe baan uit te kijken. Een maand nadat je bij je nieuwe bedrijf bent begonnen, kondigt je oude bedrijf aan dat het zijn faillissement gaat aanvragen.

Elke dag kunnen we boodschappen van de Essentie ontvangen, als we er maar open voor staan. Daartoe behoren ook berichten van mensen die zijn overgegaan. De geesten van onze dierbaren laten ons op allerlei eenvoudige, natuurlijke manieren weten dat ze nog altijd bij ons zijn. Na de dood van een dierbare zien sommige mensen vaker of op nieuwe plaatsen duiven of kolibries. Anderen merken dat er op vreemde plekken glimmende munten opduiken. Laatst zag ik een gele vogel dood langs de kant van de weg liggen. In mijn readings voorspel ik nooit de dood, maar Gele Veer was mijn moeders spirituele gids. Tegen een vriendin van me zei ik dan ook: 'Dat is een teken van mijn moeder om me voor te bereiden. Ik denk dat iemand die ik ken naar gene zijde overgaat.' Diezelfde dag hoorde ik dat de man van een andere vriendin was gestorven.

Een jongetje vertelde me dat er kort nadat zijn moeder was overleden drie dagen achter elkaar een vogel het huis binnen was gevlogen. Het dier was niet in paniek geraakt, zoals met de meeste vogels het geval zou zijn geweest, maar was blijven rondvliegen en had geen haast om weg te komen. 'Was dat mama?' vroeg de jongen.

'Het was een teken van je mama dat ze bij je oma in de hemel is,' antwoordde ik.

Mijn eigen moeder, die een paar jaar geleden is overleden, stuurt vlinders als teken voor mijn zussen en mij. Een man vertelde dat er iedere keer wanneer hij het graf van zijn vrouw bezocht een witte vlinder rondfladderde of boven op haar grafsteen zat. Hij vroeg of dat een teken was. 'Ja, vooral als je voelde dat het van haar kwam,' antwoordde ik. 'Vlinders zijn een bijzonder goed teken, want zij vertegenwoordigen de ontwikkeling naar een hoger stadium. Als je een vlinder ziet, betekent het dat je vrouw vrij is.'

Berichten van de Essentie kunnen veel troost en hoop bieden en ons helpen het beste te halen uit onze tijd op aarde. De Essentie maakt gebruik van intuïtie om ons te helpen ons doel te bereiken en problemen op te lossen. Als we de innerlijke aansporingen van onze intuïtie en andere boodschappen negeren, doen we dat dan ook op eigen risico. Neem de tijd om je interacties met de wereld nauwkeurig af te stemmen. Gebruik je zesde zintuig om de goede richting op te blijven gaan, potentiële hindernissen te vermijden en zo veel mogelijk profijt te trekken van je dag. De predikant Maltbie D. Babcock schreef: 'Wees alert op zegeningen. Hoe meer we erop letten, hoe meer we er zullen zien.' De Essentie biedt ons haar zegeningen aan door middel van onze intuïtieve afstemming op de gebeurtenissen van ons dagelijks leven. Het is aan ons om haar liefdevolle bescherming en raadgevingen te accepteren.

Omgaan met de kansen en hindernissen van het leven

Iedereen heeft momenten van pech, maar ook kansen.
De mens die om zijn pech kan lachen en zijn kansen kan grij-
pen, komt vooruit.

SAMUEL GOLDWYN

Er is een waargebeurd verhaal over een boer in Afrika. De boer had voor zichzelf en zijn gezin een goed leven opgebouwd. Op een avond klopte een rondtrekkende heilige bij de boerderij aan en vroeg om onderdak. De boer liet hem binnen, gaf hem een stevige maaltijd en hield zijn gast tot diep in de nacht gezelschap, terwijl die over zijn reizen vertelde. Vooral het verhaal over een edelsteen, die de heilige 'diamant' noemde, boeide de boer. 'Het kostbaarste wat er bestaat en het mooiste,' verklaarde de heilige. 'Edelstenen zijn zeer zeldzaam, maar als je hard genoeg zoekt, zul je ze vinden. Slechts één diamant kan een man rijk maken.'

Nadat de heilige de volgende dag was vertrokken, kon de boer de gedachte aan de diamant niet van zich afschudden. Nog diezelfde week verliet hij zijn welvarende boerderij om naar diamanten te zoeken. Vele jaren lang reisde hij de wereld af. Al zijn geld gaf hij uit tijdens zijn zoektocht. Hij moest zijn boerderij verkopen om te kunnen blijven zoeken. Arm en berooid, sterk vermagerd, radeloos en ver van huis stortte hij zich uiteindelijk in zee en verdronk.

Jaren later keerde de heilige terug naar het deel van Afrika waar de boer had gewoond. Opnieuw vroeg hij om onderdak, en de man die de boerderij had gekocht, liet hem gastvrij binnen. Hij zei dat zijn gast bij het vuur moest gaan zitten, terwijl hij voor hen allebei iets te eten klaarmaakte. De heilige keek naar een voorwerp op de schoorsteenmantel en riep uit: 'Een diamant! De boer heeft zijn diamant gevonden! Dat is de grootste die ik ooit heb gezien!'

'Dat is gewoon een steen die ik uit de rivier heb gehaald. Ik heb hem meegenomen omdat hij zo mooi was,' zei de nieuwe eigenaar van de boerderij.

'Dat is een diamant, mijn zoon,' hield de heilige vol. 'Laat maar eens zien waar je hem hebt gevonden.' De nieuwe eigenaar nam de heilige mee naar de rivier. In de bedding lagen letterlijk tientallen diamanten. De boerderij lag bij een van de rijkste diamantmijnen in Afrika. Noch de oude, noch de nieuwe boer was zich bewust geweest van de rijkdom die hij bezat.

De Essentie biedt ons elke dag talloze kansen op succes, welwillendheid, geluk, plezier, rust, binding, liefde en groei… Maar al te vaak laten we zulke kansen liggen, omdat we ze eenvoudig niet herkennen of omdat we zoveel beslommeringen aan ons hoofd hebben dat we niet verder kijken dan onze neus lang is. De Essentie wil alleen het beste voor ons en geeft ons precies wat we nodig hebben, maar dikwijls zijn we net als de boer die de rijkdommen in zijn eigen achtertuin niet eens zag liggen. We zien een oude vrouw die te veel spullen bij zich heeft, maar niet de kans om een handje te helpen. We zien de wind die door de bladeren in het park ruist, maar niet de gelegenheid om even uit te blazen en van de natuur te genieten. We krijgen een telefoontje van een dierbare, maar beschouwen dat niet als een gelegenheid om contact te hebben en onze genegenheid te tonen, terwijl die gelegenheid zich misschien nooit meer zal voordoen. We horen een collega vragen om hulp bij een project en laten de gelegenheid voorbijgaan om ons aan te bieden en eventueel onze vaardigheid te vergroten en een beter team te krijgen. De congregationele predikant Albert E. Dunning heeft eens geschreven: 'Iedereen krijgt onverwachte kansen, maar velen beseffen het niet wanneer ze zich voordoen. De enige voorbereiding om ervan te kunnen profiteren is eenvoudig de standvastigheid om te zien wat elke dag brengt.' Elke dag is rijk aan mogelijkheden; elk moment is een kans om ervoor te kiezen die mogelijkheden op te merken en aan te grijpen. We hoeven alleen maar naar de aansporingen van de Essentie te luisteren en onze eigen innerlijke stem te volgen.

Zegeningen kunnen zich in ons leven voordoen als mogelijkheden en als problemen, maar in onze problemen en hindernissen herkennen we slechts zelden de mogelijkheden die ze bieden. De Essentie werpt in ons dagelijks leven hindernissen voor ons op, opdat we kunnen blijven groeien, niet alleen door hoe we met hindernissen vanbuiten omgaan, maar ook hoe we ze vanbinnen beschouwen. Zoals Deepak Chopra zegt: 'Lijden wordt niet veroorzaakt door moeilijke situaties, maar doordat we ons verzetten tegen wat is.' Telkens wanneer we ons tegen de omstandigheden in ons leven verzetten, creëren we lijden. Denk maar eens aan de hindernissen die je in je eigen leven hebt ervaren. Wanneer hebben ze je de meeste ellende bezorgd? Meestal toen je ertegen vocht of je ertegen verzette. Als je ooit bij jezelf hebt gedacht: dat is niet eerlijk, of: zoiets zou niemand moeten meemaken, dan heb je innerlijke weerstand gevoeld. Heb je daarentegen wel eens voor hindernissen gestaan die je eenvoudig zag als iets om te overwinnen of te omzeilen? Misschien heb je iemand mee uit gevraagd en werd je afgewezen, maar ben je het blijven proberen totdat hij ja zei. Of je moest op kantoor een probleem oplossen en de eerste drie pogingen mislukten, maar de vierde lukte en loste tegelijkertijd twee andere problemen op. Randy Pausch, een opmerkelijke professor over wie we het later nog zullen hebben, heeft eens gezegd: 'Muren zijn er niet om ons buiten te houden. Ze zijn er om ons de kans te bieden te laten zien hoe graag we iets willen.' Welke veroorzaakten de meeste ellende: hindernissen waartegen je je verzette of hindernissen waarvan je dacht dat je ze kon overwinnen?

Probeer dit experiment eens uit. Let de volgende keer op je reactie wanneer je lichamelijke pijn hebt. Merk je je innerlijke weerstand? Voel je de spanning in je lichaam? Denk je: ik zou geen pijn moeten hebben! Probeer voordat je een pijnstiller neemt eenvoudig de pijn te erkennen en te aanvaarden. Als het om hoofdpijn gaat, zeg dan tegen jezelf: ik accepteer het feit dat mijn hoofd pijn doet. Veel mensen merken daarna onmiddellijk een vermindering van de spanning en weerstand in hun lichaam. De pijn verdwijnt misschien niet helemaal, maar neemt vaak af omdat ze het bestaan ervan hebben aanvaard.

Op dezelfde wijze kun je omgaan met de hindernissen in je leven. Neem een ogenblik de tijd om contact te zoeken met de Essentie en zeg: 'Ik accepteer deze hindernis, dit probleem. U hebt er uw redenen voor om me hiermee te belasten. Help me om dat feit te begrijpen en er het beste van te maken.' Als je je weerstand laat varen en de omstandigheden aanvaardt, stel je jezelf open voor hulp van de Essentie. In *Een nieuwe aarde* schrijft Eckhart Tolle: 'Elke activiteit die je in een toestand van innerlijke weerstand onderneemt... zal nog meer externe weerstand veroorzaken. Het universum staat niet achter je, het leven zal niet behulpzaam zijn. Wanneer je inwendig zwicht, wanneer je je overgeeft, opent zich een nieuwe bewustzijnsdimensie... Als er actie mogelijk of noodzakelijk is, zal die in één lijn liggen met het geheel en door creatieve intelligentie worden ondersteund... Vervolgens werken de omstandigheden en de mensen mee, ze worden behulpzaam. Als er geen actie mogelijk is, zul je rusten in de vrede en innerlijke kalmte die met de overgave gepaard gaat. Dan rust je in God.'

Door je verbondenheid met de Essentie veranderen je levensomstandigheden misschien niet, maar daardoor kan wel je beleving ervan veranderen. Zoals iemand ooit heeft gezegd: 'Pijn is onvermijdelijk, maar lijden is een keuze.' Een inspirerend voorbeeld hiervan is de natuurkundige Stephen Hawking. In 1963, toen hij nog maar 21 jaar was, werd er bij hem amyotrofe laterale sclerose (ALS) geconstateerd. Er werd hem verteld dat hij nog een jaar of drie te leven had en een langzame dood zou sterven terwijl hij alle controle over zijn lichaam zou verliezen. Later beschreef hij zichzelf als levensmoe en depressief op het moment dat hij de diagnose te horen kreeg. Hij had toen al een paar dromen: een waarin hij zou worden geëxecuteerd en een waarin hij zijn leven opofferde om andere mensen te redden. Hij schrijft dat hij door die dromen ging beseffen dat zijn leven de moeite waard was en dat hij veel goeds kon doen in de tijd die hem nog beschoren was, hoe lang of hoe kort ook. Binnen twee jaar na de diagnose is hij getrouwd. Hij heeft zijn PhD aan de universiteit van Cambridge behaald, waarna hem een *research fellowship* werd toegekend. In de 45 jaar sinds zijn diagnose heeft dr. Hawking zich tot een van de voornaamste theoretische natuurkundigen van onze tijd ontwikkeld. Hij is coauteur van tientallen wetenschappelijke verhandelingen, en zijn boek *Het heelal* werd een internationale bestseller. In die 45 jaar is dr. Hawking ook verlamd geraakt, zodat hij niet meer zonder hulp kan spreken of zich bewegen. Hij heeft meer ervaring met wat de meesten van ons als 'lijden' zouden bestempelen dan een mens zou mogen verdragen, maar toch vindt hij dat hij 'boft' omdat zijn ziekte zo langzaam verloopt, en omdat hij dankzij de steun van zijn familie en collega's toch zijn dromen heeft kunnen verwezenlijken. Zijn levenservaring wordt niet bepaald door zijn omstandigheden, maar door wat hij heeft gedaan met de mogelijkheden waarover hij beschikt.

Wat er in de loop van een dag ook gebeurt, we hebben steeds de gelegenheid er de mooiste dag van ons leven van te maken door contact te zoeken met de Essentie en te besluiten alles wat op onze weg komt als een geschenk van het universum te beschouwen. Wanneer we dat doen, veranderen mogelijkheden en hindernissen in twee kanten van dezelfde medaille. Ons lijden verdwijnt en we kunnen rust en vreugde voelen. We kunnen de dag doorbrengen met liefhebben en bemind worden, met het nastreven van doelen zonder te hechten aan het bereiken ervan, met leren, groeien en steeds meer ons eigen, meest waarachtige zelf worden.

Besluit je dag met overdenking en dankbaarheid

Gelukkig is degeen wie deze dag
Niet af te pakken valt: die met gezag,
Oprecht, van binnenuit, beweren kan
Dat hij geleefd heeft, al was 't enkel dán.

HENRY FIELDING

In 2007 werd een op internet geplaatste video door ruim tien miljoen mensen gedownload. Het ging om een toespraak getiteld 'The Last Lecture' ('De laatste lezing') van Randy Pausch PhD, hoogleraar aan de Carnegie-Mellon University in de Verenigde Staten. Dr. Pausch had alvleesklierkanker en zijn artsen hadden hem verteld dat hij nog drie tot zes maanden te leven had. Wie de lezing bekijkt, zou niet denken dat hij ziek was. Hij was vrolijk en opgewekt, en zag overal de humor van in, zelfs van zijn situatie. 'De kaarten die ons zijn toebedeeld kunnen we niet veranderen, maar wel de manier waarop we ze gebruiken in ons spel,' zei hij. Hij deed een aantal push-ups met één arm en verklaarde: 'Tenzij je hier kunt komen en het me na kunt doen, mag je geen medelijden met me hebben.' In zijn lezing 'Really Achieving Your Childhood Dreams' ('Je jeugddromen echt verwezenlijken') sprak hij over het realiseren van je dromen, het nut van je instelling en optimisme, het overwinnen van hindernissen en het allesoverheersende belang van de liefde en de familie. In juli 2008 is Randy Pausch overleden, tien maanden na zijn laatste lezing, omringd door zijn familie en vrienden. Zijn verhaal heeft miljoenen mensen in de hele wereld geïnspireerd.

Wat is het leven? Het is de opflikkering van een glimworm in de
nacht.
Het is de adem van een bizon in de winter.
Het is de kleine schaduw die door het gras loopt
En zichzelf in het avondrood verliest.

CROWFOOT, INDIAANS REDENAAR

Uiteindelijk bewandelen we allemaal hetzelfde pad als Randy Pausch. Wij zien misschien ons einde niet zo snel naderen en weten niet waaraan we zullen overlijden, maar aan onze tijd op aarde zal ook een einde komen, waarschijnlijk eerder dan we denken. Elke dag krijgen we de gelegenheid om te beslissen waar we onze tijd voor willen inruilen: of we door onze instelling en inbreng zelfs een doodgewone dag waardevol willen maken of onze tijd terzijde willen schuiven zoals de diamanten die onopgemerkt onder de voeten van de boer lagen. En elke avond hebben we de gelegenheid om de gebeurtenissen van de afgelopen dag te overdenken, om onze daden en aarzelingen te beoordelen, om te zien in welk opzicht we zijn geslaagd en in hoeverre we hebben gefaald, om de liefde die we hebben gegeven en ontvangen te waarderen en te treuren om gemiste kansen op liefde. We kunnen ons opnieuw almaar dieper verbinden met de Essentie als onze vriend en gids, in het vertrouwen dat we alles aankunnen wat er in het leven op ons afkomt en zullen doen wat nodig is om te leren en te groeien.

Zodra we onze dag hebben overdacht, moeten we die loslaten, zodat we de volgende ochtend met een schone lei aan de nieuwe dag kunnen beginnen. Zoals Deepak Chopra schrijft: 'Ga niet slapen voordat je de hele dag hebt overzien en zeg tegen jezelf: het is al een droom. Het is al voorbij.' Als we aan het eind van de dag alles aan de Essentie schenken – goede en slechte, prettige en onprettige dingen, mislukkingen en successen – geven we alleen maar terug wat we van de Essentie hebben gekregen. We vertrouwen erop dat de Essentie niet alleen voor ons en onze dierbaren, maar ook voor onze rijkdommen zal zorgen. Als we onze dag aan God toevertrouwen, zullen we de volgende ochtend met een schone lei en een verlicht gemoed wakker worden.

God heeft je vandaag een geschenk van 86.400 seconden gege-ven. Heb je er een van gebruikt om 'dank u wel' te zeggen?
HENRY WARD

Betuig tot slot je dank. Je hebt een nieuwe dag van leven en inner-lijke groei als geschenk ontvangen, en dat mag je nooit als vanzelf-sprekend beschouwen. Wat er in de loop van de dag ook is ge-beurd, er is altijd reden tot dankbaarheid. Beschouw je glas niet als half leeg, maar als half vol. Concentreer je niet op wat je níet hebt, maar op alle zegeningen die je wel hebt. Bedank het universum voor de geschenken waarmee je bent overladen. Als je gaat zoeken naar iets om dankbaar voor te zijn, zul je merken dat de dankbaar-heid vanzelf of door wilskracht in je opwelt.

Zelfs in de zwaarste tijden van oorlog, hongersnood, verdriet en dood kunnen we ervoor kiezen waardering en dankbaarheid voor iets op te brengen. De Boeddha heeft ooit een verhaal verteld over een reiziger die door een tijger werd opgejaagd. Hij rende totdat hij bij een steile rots kwam. Net op het nippertje ontdekte hij een dikke liaan die over de rand van de rots hing. Hij greep de plant vast en zwaaide naar de overkant van het ravijn. Ik heb het gered, dacht hij, toen hij boven zich de tijger hoorde brullen. Daarna hoorde hij ook vanuit het ravijn een woest gebrul komen. Hij keek naar beneden en zag onder zich nog twee tijgers! Daar hing hij tussen de tijger boven hem op de rots en de twee onder hem in de diepte.

Plotseling voelde hij de liaan bewegen. Twee muisjes waren langs de liaan omhoog geklommen en begonnen eraan te knagen waar hij er net niet bij kon. Hij schreeuwde naar de muizen, maar ze bleven doorknagen. Het zou niet lang meer duren voordat ze door de liaan heen zouden hebben geknaagd, waarna hij de diepte in zou storten. Juist op dat moment zag de man tussen de dichte begroeiing op de rots een tros prachtige druiven hangen. Hij stak zijn hand uit, plukte twee volmaakt blauwe druiven, stopte ze in zijn mond en begon te kauwen. Het waren de heerlijkste druiven die hij ooit had geproefd!

We klampen ons allemaal vast aan de liaan van ons leven, hangend boven de tijgers van de dood terwijl de muizen van de tijd aan de liaan knagen. Het is onvermijdelijk dat de tijd door ons leven heen knaagt en dat we zullen sterven. Maar onze dagen zijn als die prachtige druiven. Als we ze helemaal opeten, als we dankbaar zijn omdat we ze hebben, kunnen we ervan genieten, wat zulke kostbare ogenblikken vreugdevol en bevredigend maakt. Onze dagen, die we als geschenk van de tijd hebben ontvangen, worden dan ons geschenk van dankbaarheid en groei voor de Essentie.

6

Essentie, geesten en engelen

Het leven van de mens begint niet in de baarmoeder en eindigt nooit in het graf; en dit firmament, vol maanlicht en sterren, is niet verstoken van liefhebbende zielen en intuïtieve geesten.

KAHLIL GIBRAN

Niemand is alleen op deze wereld, we zijn allemaal verbonden met de Essentie en haar liefhebbende kracht. We worden omringd door Essentie in de vorm van onze dierbaren, de mensen op aarde en degenen die zijn overgegaan naar een leven op een ander bestaansniveau. Je kunt dat niveau het hiernamaals noemen, gene zijde, de hemel of de hel. Maar hoe je het ook wilt noemen, het bestaat. Het is onzichtbaar voor ons, maar het is de plek waar onze ziel verblijft en waar we de eeuwigheid doorbrengen.

Je kunt het leven op aarde beschouwen als een semester op een kostschool of de universiteit. Je verblijft niet permanent op school, je bent er om je lessen te leren. Er zijn hoogleraren en docenten die je begeleiden. Je ontmoet er allerlei mensen, maakt vrienden en soms bouw je blijvende relaties op. Maar uiteindelijk ga je van school en keer je terug naar huis, waar je wordt omringd door je familie en vrienden, die je al jaren kent. Je hernieuwt het contact met hen en deelt wat je hebt geleerd. Als je nog meer lessen moet leren, ga je na een tijdje weer terug naar kostschool of de universiteit, hopelijk op een hoger niveau, en dan begint het proces van leren en groeien opnieuw. Op de universiteit die we het leven noemen, zijn veel docenten en begeleiders, zichtbare en onzichtbare, die ons helpen leren en groeien. Ook hebben we vrienden, familie en dierbaren die ons in vorige levens op onze reis hebben vergezeld of die we voor het eerst ontmoeten. En de basis voor dit alles wordt gevormd door de goedheid, wijsheid en liefde van de allesoverziende Essentie. De Essentie is veranderlijk en onveranderlijk tegelijk. Het maakt niet uit hoeveel levens we leiden, hoeveel dierbaren er in ons leven komen en ons weer verlaten, de Essentie van onze geest gaat nooit verloren, ongeacht de vorm die ze aanneemt.

De reis van het leven op aarde naar het leven aan gene zijde is een van de grote mysteries, een reis die we allemaal al eerder hebben ondernomen en opnieuw zullen ondernemen. Maar wanneer de mensen die ons dierbaar zijn overlijden, kan het aanvoelen alsof onze verbinding is doorgesneden. We horen hun stem niet langer en zien hun geliefde gezicht niet meer. We kunnen hun hand niet meer vasthouden en hun liefkozingen niet meer voelen. Zelfs al weten we dat hun geest onsterfelijk is, dan nog verlangt ons hart ernaar om hen nog heel even bij ons op aarde te hebben. We missen de fysieke aanwezigheid van onze dierbaren, maar datgene waar we werkelijk van houden is hun Essentie, die tijd, ruimte en dood overstijgt. Via onze gedachten en gebeden kunnen we elk moment verbinding maken met hun Essentie. En we kunnen weten dat hun geest nog steeds leeft, al is het in een andere vorm, en dat we onze dierbaren weer zullen zien. Na dertig jaar readings geven en contact maken met duizenden geesten aan gene zijde weet ik zeker dat onze overleden dierbaren met ons willen communiceren en ons hun liefde willen tonen. Stel je voor dat je een geest bent die met zijn dierbaren wil communiceren, maar die herkennen je niet en luisteren niet naar je. Stel je eens voor hoe frustrerend dat is voor zo'n ziel! Het is mijn taak om als brug tussen de werelden te fungeren, zodat onze dierbaren verbinding met ons kunnen maken en wij met hen. Onze dierbaren willen ons laten weten dat het goed met hen gaat. Ze willen aan gene zijde blijven groeien en ons helpen met onze reis door het leven terwijl wij ook blijven leren en groeien. En bovenal zullen ze op ons wachten en ons verwelkomen wanneer het onze beurt is om ons 'schoolsemester' af te sluiten en naar huis terug te keren.

De grote transformatie

De dood is de sluier die degenen die leven 'het leven' noemen;
Ze vallen in slaap en hij wordt opgelicht.
PERCY BYSSHE SHELLEY

Als je ooit bij een stervende hebt gezeten, dan twijfel je er waarschijnlijk niet aan dat wij veel meer zijn dan slechts ons fysieke lichaam. Veel mensen zeggen dat ze precies voelden wanneer de eeuwige vonk van de Essentie het lichaam van de stervende verliet. We laten de pijn en worsteling met de dood achter bij ons fysieke omhulsel en verschijnen aan gene zijde zoals we daadwerkelijk zijn: geesten wier ware Essentie licht en liefde is. Als de geest het lichaam verlaat, zien we een wit licht en als we daarnaartoe gaan, zien we degenen – onze moeder, oma, echtgenoot of echtgenote, ons kind – van wie we het meest hielden. Zij zijn er om onze overgang te vergemakkelijken en ons te helpen bij het wennen aan onze nieuwe omgeving. Dit is een feestelijke hereniging, het mooiste 'welkom thuis'-feestje dat we ons maar kunnen voorstellen.

Ook worden we onthaald door de beschermengelen en gidsen die al sinds onze geboorte bij ons zijn. Dat zijn zielen die in al hun levens zoveel zijn gegroeid dat ze de verantwoordelijkheid hebben gekregen om voor mensen op aarde te zorgen. Zij zijn er om over ons te waken, ons te beschermen, ons een duwtje in de juiste richting te geven en ons te steunen terwijl we leren, groeien en ons ontwikkelen. Ze staan aan onze kant wanneer we de juiste keuze maken en ze helpen ons opstaan als we zijn gevallen. Onze engelen en gidsen zijn ons hele leven en op het ogenblik van onze dood bij ons, ze maken deel uit van het welkomstcomité. (Onze beschermengelen kunnen ook over de geesten van onze dierbaren waken wanneer die overgaan. Wanneer een vriend of cliënt me vertelt dat iemand die hij kent stervende is, zeg ik altijd dat hij zijn beschermengel kan vragen om de geest op te vangen wanneer die het lichaam verlaat en naar gene zijde reist.)

Maar voordat we verdergaan, moeten we een soort vonnis onder ogen zien waarbij we de gebeurtenissen van ons leven aan ons voorbij zien gaan. We zien de goede daden die we hebben verricht en de dingen die we hebben nagelaten, de gevolgen die onze keuzes voor ons en andere mensen hebben gehad, de lessen die we hebben geleerd en die we verzuimd hebben te leren. De manier waarop we hebben geleefd, bepaalt naar welke 'buurt' we aan gene zijde zullen gaan. Als we een goed leven hebben geleid, onze lessen hebben geleerd en goed karma hebben opgebouwd door onze daden, vullen al die ervaringen de ziel (de grotere energie die al onze ervaringen opslaat) en gaan we naar een hoger niveau. Als we onze lessen niet hebben geleerd en keuzes hebben gemaakt die leed, schade en ander slecht karma hebben veroorzaakt, dan wordt onze ziel niet naar de liefde toe, maar er verder vandaan getrokken. Dan moeten we terugkomen en 'het semester overdoen', zogezegd, om het slechte karma dat we de keer ervoor hebben gecreëerd goed te maken.

Hulp en heling aan gene zijde

In de hemel zal ik weer kunnen horen.

LUDWIG VAN BEETHOVEN OP ZIJN STERFBED

Hoewel de meeste mensen al verschillende keren zijn geïncarneerd, is de dood vaak 'een schok voor het gestel' en hebben sommige geesten hulp nodig om hun overgang te aanvaarden en te begrijpen. Stel je een geest voor die in een lichaam zit dat bijvoorbeeld verlamd is, of enorme pijn lijdt, of is geboren met een lichamelijke of geestelijke handicap. Diegene heeft misschien hulp nodig om te wennen aan de vrijheid van het geestelijke lichaam of om zijn geest in zijn etherische lichaam te laten integreren, om te beseffen dat hij niet meer ziek of depressief is of weer kan bewegen. In die gevallen krijgen de geesten alle hulp die ze nodig hebben om hun nieuwe toestand van vrijheid en vreugde te accepteren. De Essentie is barmhartig en liefhebbend en ze zorgt voor geesten, zelfs als die niet voor zichzelf hebben gezorgd. Vaak merk ik wanneer ik contact heb met mensen aan gene zijde die in dit leven verslaafd of depressief waren, of geestelijke problemen hadden, dat er geesten zijn die zich met hen bezighouden, voor hen zorgen en hen genezen.

Onlangs deed ik een reading voor een lief, maar verdrietig ouder stel wier overleden zoon, Roy, veel emotionele problemen had gehad, maar die alle hulp had geweigerd. Toen Roy doorkwam, maakte hij oprecht zijn verontschuldigingen aan zijn vader en moeder. 'Roy wil dat jullie weten dat hij aan gene zijde alle hulp krijgt die hij nodig heeft,' vertelde ik hun, terwijl ze allebei in huilen waren uitgebarsten. 'Hij volgt een soort twaalfstappenprogramma in de hemel, en een van die stappen houdt in dat hij zich moet verontschuldigen en om vergeving moet vragen.' Op de gezichten van beide ouders verscheen een uitdrukking van pijn, opluchting en blijdschap. 'Roy is heel dankbaar dat jullie contact met hem hebben gezocht,' zei ik. 'Elke keer wanneer jullie aan hem denken, is hij bij jullie, dus stuur positieve gedachten en vergeving naar hem toe, zodat hij aan gene zijde vooruitgang kan maken.'

De man die zich, in een aanval van melancholie, vandaag om
het leven brengt, had misschien wel willen blijven leven als hij
een week had gewacht.

VOLTAIRE

De verdrietigste geesten met wie ik in contact kom, zijn degenen die ervoor hebben gekozen zich het leven te benemen. Misschien werd de situatie hun te veel en zagen ze zelfmoord als de enige uitweg. Soms hebben andere factoren zoals drugs of alcohol bijgedragen aan hun dood. Ik herinner me dat ik een keer contact maakte met de geest van een man die zelfmoord had gepleegd terwijl hij high van de cocaïne was. Hij kwam heel duidelijk door om zijn dochter te vertellen dat ze nooit drugs moest gebruiken. Soms beschouwen mensen die kapot zijn van iemands overlijden zelfmoord als de enige manier om aan gene zijde met hun dierbaren te worden verenigd, maar dat is nooit de oplossing. Wanneer we op onze bestemde tijd overgaan, doen we dat omdat we onze lessen hebben geleerd en klaar zijn voor de volgende stap. Maar wanneer mensen hun leven beëindigen, is het net alsof ze voor het einde van het semester van school gaan. Hun 'klasgenoten' – hun dierbaren – gaan wel over naar een hogere klas, maar zij moeten het semester overdoen om de lessen in te halen die ze moeten leren voordat ze naar de volgende klas mogen.

Wanneer ik met geesten praat van mensen die zelfmoord hebben gepleegd, dan merk ik dat de meesten van hen hopen dat de achterblijvers hen begrijpen en vergeven. Er kwam een keer een jonge vrouw, Helen, samen met haar verloofde, Bart, naar me toe omdat haar vader zelfmoord had gepleegd. Ik kreeg de naam van de vader door, Herman, en ook die van zijn vader. 'Was je vader ziek?' vroeg ik. 'Ik voel dat hij een medicijn kreeg waardoor hij in de war raakte. Hij heeft je geslagen, nietwaar?' Helen leek geschokt doordat ik dat wist. 'Hij zegt dat jij zijn kleine meisje bent en dat hij je nooit een klap had gegeven als hij die medicijnen niet had geslikt,' zei ik tegen haar. 'Hij wil je laten weten dat het hem heel erg spijt, dat hij fout zat en dat hij pijn had. Hij wilde een einde aan zijn leven maken omdat hij de situatie niet meer aankon. Je voelt je schuldig omdat je denkt dat je hem had kunnen redden, maar zelfs als je erbij was geweest, had je hem niet kunnen tegenhouden. Maar nu moet hij zijn excuses maken. Kun je die aanvaarden?' Huilend omhelsden Helen en Bart elkaar, terwijl ik verderging. 'Je vader wil je laten weten dat hij naar je kijkt en heel veel van je houdt. Ik voel dat hij heel blij is met jullie huwelijk.' Het jonge stel ging glimlachend en gerustgesteld weg en ik voelde dat haar vader ook meer vrede met zichzelf had.

Rouwen om onze overleden dierbaren

Maar o, de aanraking van een verdwenen hand, en het geluid van een stem die zwijgt!

ALFRED, LORD TENNYSON

De dood is een enorme overgang, die vaak verdriet veroorzaakt – niet bij degenen die doodgaan, maar bij hen die achterblijven. Zelfs als we in onsterfelijkheid geloven en diep in ons hart weten dat onze dierbaren op een andere plek voortleven, missen we hen nog steeds en rouwen we om hun verlies. Er is een verhaal over een meester die jarenlang de zenboeddhistische leer had onderwezen dat het leven slechts een illusie is. Op een dag overleed zijn zoon. De leerlingen kwamen op bezoek bij de meester en zagen verbaasd dat de tranen hem over de wangen liepen.

'Meester, huilt u om uw zoon terwijl u ons hebt geleerd dat het leven slechts een illusie is?' vroegen ze.

'Ja,' zei de meester, die zijn tranen wegveegde, 'want hij was zo'n prachtige illusie!'

Verdriet en rouw zijn natuurlijke uitingen op zo'n moment en de rituelen die samengaan met het overgaan van iemand zijn heel belangrijk. Rituelen zoals begrafenissen en herdenkingsdiensten helpen niet alleen de mensen hier, maar ook de geesten die zijn overgegaan. Elke religieuze traditie heeft zijn eigen manieren om ons te helpen een hoofdstuk van het bestaan af te sluiten en onze dierbaren op hun weg te zegenen. Bedenk dat onze gedachten en gebeden overleden geesten helpen. Hiermee sturen we de energie van onze liefde naar gene zijde en vergemakkelijken we de overgang naar de dood. Onze gedachten en gebeden zorgen ervoor dat de brug van liefde sterk blijft en bieden troost en kracht, zowel aan degenen die dood zijn als aan hen die zijn achtergebleven.

Soms kiezen geesten ervoor om na de dood dicht bij ons te blijven, en wanneer we het meest ontvankelijk zijn, laten ze vaak merken dat ze er zijn. Soms zijn ze wel aanwezig op hun begrafenis, soms niet. Als hun overgang moeilijk of plotseling was, moeten ze misschien aan gene zijde eerst geheeld worden voordat ze kunnen terugkeren. Het kan hun te hard vallen om te zien dat de mensen die zijn achtergebleven verdriet hebben en dan houden hun beschermengelen hen een tijdje op afstand, zodat de scherpe randjes van het verdriet kunnen slijten. Vaak vertellen de geesten me tijdens readings echter details over hun begrafenis of herdenkingsdienst, waardoor ze voor de mensen hier hun bestaan bevestigen. Een jongeman vertelde zijn zus dat hij had gezien dat ze op zijn begrafenis bijna was gestruikeld en dat hij daarom had moeten lachen. (Zijn zus riep uit: 'Echt iets voor hem!') Een andere vrouw zei dat ze tijdens de herdenkingsdienst van haar zoon een onzichtbare hand had gevoeld die heel zachtjes over haar gezicht aaide, en ze dacht dat het haar zoon was die afscheid kwam nemen.

In de wereld van vandaag kun je het gevoel krijgen dat we verdriet onder het tapijt willen vegen, maar het is natuurlijk en noodzakelijk dat je verdriet hebt en het is belangrijk dat je er uitdrukking aan geeft. 'Het weenen maakt den weedom minder diep,' schreef Shakespeare. Als je op zo'n moment je gevoel 'opkropt', kan het zijn dat je geen berusting vindt doordat je je verdriet niet beleeft. Maar je moet ook weer niet te lang aan je verdriet vasthouden. Wanneer we iemand verliezen van wie we houden, vooral als het een kind is of iemand die op jonge leeftijd overlijdt, dan kan het verdriet allesoverheersend zijn, en dat is niet wat onze dierbaren willen.

Ik heb een keer en reading gedaan voor een gezin waarvan de zoon in een sloot was verdronken. 'Begon zijn naam met een T, TA-R? Tarik?' vroeg ik. 'Hij vertelt me dat hij twee dagen lang had zitten drinken en dat hij naar die plek ging omdat hij een tijdje alleen wilde zijn. Hij raakte bewusteloos en viel per ongeluk in de sloot. Maar hij zegt dat hij het heel moeilijk vindt om vanuit de hemel naar jullie te kijken en te zien wat jullie doormaken.' Op dit moment waren de moeder en zus in huilen uitgebarsten, maar de vader stond er maar. 'Je zoon zegt dat jij heel vaak in afzondering huilt,' zei ik tegen de vader. 'Hij wil niet dat je je inhoudt, omdat dat niet goed is voor je gezondheid. Hij zegt dat het goed is om je emotie te tonen en om dingen te voelen, en hij wil dat ik tegen jullie zeg dat jullie fantastische ouders waren.' Terwijl alle drie de gezinsleden elkaar omhelsden, voelde ik dat Tarik aan gene zijde glimlachte.

Als we onze dierbaren gedenken en hun leven eren, dan kunnen we verbinding maken met hun Essentie en hen en onszelf gelukkig maken. Maak tijd vrij op verjaardagen en gedenkdagen om bij je dierbaren stil te staan. Neem even de tijd om hun je gedachten en beste wensen te sturen. Bezoek bijvoorbeeld het graf of een plaats die een bijzondere betekenis voor hen had. Doe iets wat zij leuk vonden: als je dierbare dol was op zeilen, zou je dat zelf kunnen doen, zelfs al hou je niet van water. Nog beter: verricht een goede daad ter nagedachtenis aan hen. Als je een vader of moeder hebt verloren, ga dan op bezoek bij een ouder iemand die geen familie heeft. Als je een kind hebt verloren, is er misschien wel een alleen-staande ouder die het fijn zou vinden als jij een avond op zijn of haar kinderen zou kunnen passen, of misschien is er wel een op-vanghuis voor dakloze gezinnen dat een schenking of een middag van je tijd erg op prijs zou stellen. Zorgen dat de liefde die je hebt gedeeld in het hart van anderen wordt gegrift, dat is het beste ge-denkteken dat je je overleden dierbaren kunt geven.

Maar klamp je niet vast aan hun geest. Bedenk dat onze dierba-ren zich aan gene zijde blijven ontplooien, en als we ons aan hen vastklampen, kunnen we hun vastleggen aan het leven dat ze hier hadden en verhinderen dat zij – en wij – de draad weer oppakken. Dit heb ik gezien bij een jonge moeder, Bibi, wier dochter op jon-ge leeftijd was overleden. 'Je overgrootmoeder houdt je dochtertje vast en zorgt aan gene zijde goed voor haar,' vertelde ik Bibi.

'Ik voel dat ze in de buurt is, maar ik ben bang dat ik haar vast-houd en ze dus niet kan gaan,' zei ze met een zucht. 'Ik wil weten of ze bij me is omdat ze dat fijn vindt of omdat ik haar hier houd.'

'Ik denk dat het een beetje van beide is,' antwoordde ik zo voor-zichtig mogelijk. 'Er is een gezegde dat ouders hun kinderen wor-tels en vleugels moeten geven. Je hebt haar de wortels van de liefde gegeven, laat haar nu maar vliegen.'

Hilary Stanton Zunin heeft eens geschreven: 'Het risico van lief-de is verlies, en de prijs van verlies is verdriet – Maar de pijn van het verdriet/Is slechts een schaduw/Vergeleken met de pijn als je/Nooit liefde riskeert.' Liefde verandert nooit, omdat liefde nooit sterft. We blijven onze dierbaren altijd missen, maar uiteindelijk wordt ons verdriet een milde smart als we denken aan alles wat we hebben meegemaakt en aan de liefde die we nog steeds kunnen de-len. En dan voelen we, elke keer als we aan onze dierbaren denken, dat hun Essentie aanwezig is.

Schuldgevoel en vergeving

De bitterste tranen die over het graf heen worden geplengd, zijn om woorden die niet zijn uitgesproken en daden die niet zijn uitgevoerd.

HARRIET BEECHER STOWE

Velen van ons kampen met onverwerkte gevoelens over overleden dierbaren. We denken aan wat we hebben gedaan of niet hebben gedaan en dat we nooit meer een kans krijgen het goed te maken. Nou, de geesten aan gene zijde hebben hetzelfde gevoel. In veel van mijn readings bied ik excuses aan namens de mensen in de hemel aan de levende mensen en andersom. Het is heel begrijpelijk om spijt te hebben als iemand is overgegaan, maar dergelijke spijtgevoelens kunnen in de loop der tijd afzwakken als we denken aan de liefde die we hebben gedeeld. Schuldgevoel is echter een zeer pijnlijke emotie, die in de loop der tijd alleen maar erger wordt. Zoals een oosterse meester ooit onderwees: 'Wanneer we ons schuldig voelen, hebben we geen hekel aan onze zonden, maar aan onszelf.' We voelen ons schuldig als we iets verkeerd hebben gedaan, als we denken dat we iemand kwaad hebben gedaan en hebben nagelaten om dat goed te maken. Als de dood tussenbeide komt voordat we het kunnen goedmaken en om vergeving kunnen vragen, dan kan het schuldgevoel een last worden die we de rest van ons leven met ons meedragen. Het kan verhinderen dat geesten en degenen die nog steeds hier zijn verder kunnen.

Het is niet voor niets dat het afsmeken van vergeving en het goedmaken van onze fouten deel uitmaakt van veel religies. Als je om vergeving vraagt, veeg je als het ware de lei schoon. Onze lasten worden lichter, onze energie wordt gereinigd en we kunnen er beter door in verbinding komen met de Essentie. Vraag vergeving aan degenen van wie je houdt zolang jij en zij nog op aarde zijn. Het is misschien niet makkelijk om je fouten of vergissingen toe te geven, maar het is natuurlijk veel beter om zulke dingen niet op je geweten te hebben als je overgaat. Als je het gevoel hebt dat je een overledene om vergeving moet vragen, dan kun je dat doen door dezelfde soort intuïtieve verbinding te leggen als beschreven in hoofdstuk 3 en 4.

Vergeving vragen aan hen die ons zijn ontvallen
Sluit je ogen, omring jezelf met wit licht en maak verbinding met de Essentie. Haal je het beeld van je dierbare voor de geest en voel het in je hart. Maak contact met diegene door hem liefde te sturen en zeg dat je spijt hebt van wat je hebt gedaan of nagelaten. Vraag nederig om vergeving. Let op alle gedachten, beelden en gevoelens die op kunnen komen en tekens kunnen zijn van je dierbare dat die je verontschuldiging heeft aanvaard.

Bedenk dat overledenen aan gene zijde hun persoonlijkheid niet kwijtraken, dus als je dierbaren niet zo makkelijk vergeving schonken toen ze nog op aarde waren, dan kan het even duren voordat ze je vergeven. Maar houd vol. Spijt betuigen en om vergeving vragen helpt om je schuldgevoel te verlichten, of je verontschuldiging nu wordt aanvaard of niet. En wees je er ook van bewust dat het geen oprecht verzoek is als je om vergeving vraagt voor dingen die je nog steeds doet. Als je iemand regelmatig uitschold voordat hij overleed en je scheldt nog steeds mensen in je leven uit, dan blijf je slecht karma opbouwen door dat nare gedrag en dan maakt het niet uit hoe vaak je om vergeving vraagt, van de levenden of de doden. Vraag om vergiffenis en verander je gedrag. Dat is het enige bewijs van echte boetedoening.

Vergeving is het geven, en dus het ontvangen, van leven.
GEORGE MACDONALD

Ik kan er niet genoeg de nadruk op leggen hoe belangrijk het is om conflicten uit te spreken met je dierbaren voordat ze overlijden. Keer op keer komen tijdens readings de geesten van vaders, moeders, broers, zussen, vrienden en familie door omdat ze hun verontschuldigingen willen maken en ons om vergeving willen vragen. Ik heb hun pijn gezien en gevoeld, en de pijn van de mensen die achterblijven. Ook heb ik de opluchting en het vredige gevoel gezien die zich manifesteren wanneer er contact wordt gemaakt en relaties hersteld worden.

Op een dag namen een moeder en dochter me mee naar de plek waar de vader door een brand in een caravan was overleden.

'Hij heette Willem,' zei ik tegen hen. 'En jullie hebben onlangs nare dingen over hem gezegd. Maar hij zegt: "Die dingen kloppen. Ik heb jullie leven echt vergald, financieel en emotioneel."'

Ik voelde dat Willem heel graag wilde dat zijn gezin hem zou vergeven. Ik wendde me tot de moeder. 'Dit is je kans om hem te helpen groeien in de geestenwereld en een beminnelijker geest te worden. Hij zegt dat als hij het over mocht doen, hij aardiger tegen je zou zijn. En hij wil dat je tegen je zoon Stefan zegt dat Willem hem ook zijn verontschuldigingen aanbiedt. Hij is geen goed voorbeeld geweest voor zijn zoon.'

Kortgeleden vroeg een ander gezin me om een reading. De vader was acht jaar eerder overleden en toen de zus negen maanden zwanger was, kwam haar broer om bij een auto-ongeluk. Ik kreeg de naam van de broer door, Ismail, en ook die van zijn oma en vader, die aan gene zijde voor hem zorgden.

'Heb je een plechtigheid voor hem gehouden, waar al zijn vrienden bij waren? En hebben mensen zijn favoriete dingen bij hem neergelegd, waaronder ook zijn favoriete voedsel? Hij zegt tegen me dat hij daarom moest lachen, omdat de meeste mensen dat niet zouden hebben gedaan. Hij vraagt naar een T, Tim?'

'Dat is de bestuurder van de auto die mijn broer heeft aangereden,' antwoordde de zus.

'Heb je Tim al vergeven?' vroeg ik. Er hing even een stilte. 'Je broer wil dat je Tim vergeeft,' hield ik vol. 'Het was een ongeluk, en het was Ismails tijd. Hij is gelukkig in de hemel en hij zegt: "Vergeef Tim, want ik heb hem ook vergeven."'

Degenen van wie we het meest houden, zijn niet de mensen die ons het minst kwaad doen, of die het meest voor ons hebben gedaan, maar degenen die het ons het makkelijkst maken om hen te vergeven.

SAMUEL BUTLER

Vergeving is een van de belangrijkste en beste geschenken die we mensen hier en in het hiernamaals kunnen geven. Dat betekent echter niet dat je over je heen moet laten lopen en misbruik van je moet laten maken, en zeker niet dat je misdragingen jegens jezelf of anderen door de vingers moet zien. Aan de andere kant doet het ons veel meer pijn om onze haatgevoelens niet los te laten en iemand niet te vergeven dan het degene pijn doet die de zonde heeft begaan. Zoals de Boeddha eens heeft gezegd: je grijpt een heet kooltje omdat je het naar een zondaar wilt gooien, maar jij bent degene die zich brandt. Besef dat je de zondaar kunt vergeven, maar dat je daarmee niet zijn gedrag goedkeurt. Jouw vergiffenis zou hem de kans kunnen geven om een verhevener pad te volgen. Vergevingsgezindheid is een belangrijk onderdeel van de liefde dat we zo vaak mogelijk zouden moeten toepassen. Anderen vergeven maakt het makkelijker om onszelf te vergeven. Probeer de zegen van vergeving te schenken wanneer iemand daarom vraagt, en oefen op het jezelf en anderen vergeven.

Het sturen en ontvangen van liefde

Draag niet het zwart van de rouw
Maar verheug je met mij in witte kledij.
Spreek niet bedroefd over mijn verscheiden
Maar sluit je ogen, en dan zie je mij bij je,
Nu en voor altijd.

KAHLIL GIBRAN

Contact maken met onze dierbaren aan gene zijde is eenvoudig: je kunt dat doen met gedachten, gebeden, aandacht en bovenal met liefde. Liefde is de brug die ons met de geestenwereld verbindt. Liefdesenergie is krachtig en helend, zowel in de geestenwereld als hier, en we kunnen onze liefde sturen naar hen die zijn overgegaan, eenvoudigweg door aan hen te denken. Gedachten zijn concreet, gedachten hebben macht. Ze vormen onmiddellijk een brug naar gene zijde.

Contact maken met een overleden dierbare
door herinneringen

Als je de aanwezigheid van een overleden dierbare wilt voelen, haal je dan een heel fijne herinnering voor de geest. Vul die herinnering zo goed mogelijk in. Hoe zag je dierbare uit, hoe klonk, bewoog en rook hij? (Geuren roepen vaak onze sterkste herinneringen op – de aftershave of parfum van een dierbare bijvoorbeeld, of de geur van een baby.) Voel wat je voelde toen je daar samen met hem was en voel ook de emoties die hij had. Stuur hem je liefde en luister naar de boodschap die hij misschien voor je heeft. Een andere manier om verbinding te maken is door naar een park te gaan, aan degene te denken met wie je verbinding wilt maken en met hem te kletsen. Als je dit doet, breng je zijn Essentie terug. Het is eenvoudig en makkelijk, maar het kan heel heftig zijn.

Wanneer je aan een dierbare denkt, is het net alsof je de telefoon pakt en een nummer draait. Je pleegt een telefoontje waarin je liefdevolle gedachten uit. Soms gebruiken onze dierbaren onze gedachten om ons te laten weten dat ze in de buurt zijn en ons groeten. Is het je ooit wel eens overkomen dat je thuis was of iets deed waar je niet al je aandacht voor nodig had en dat je toen plotseling zonder speciale reden aan je oma, ouder, vriend, echtgenoot, kind of een andere overleden dierbare dacht? Het kan zijn dat de geest van diegene je wilde begroeten. Een gebed is ook een krachtige manier om verbinding te maken met onze dierbaren. Je kunt een kaarsje aansteken of in je hart contact leggen met de eeuwige liefde van de Essentie en dan je dierbare in je gebed herdenken. Vraag of de Essentie je dierbare met liefde wil omringen en hem wil zegenen. Bid voor hem dat hij blijft groeien in liefde en licht.

Vaak bedenken onze dierbaren allerlei manieren om met ons te communiceren. Denk eraan, elke geest behoudt aan gene zijde zijn eigen unieke energie-'vingerafdruk', zijn persoonlijkheid. Wanneer onze dierbaren doorkomen, herkennen we hen nog steeds als echtgenoot, kind, ouder, grootouder of vriend. Niet zo lang geleden kwam er een man door die tijdens een zeilwedstrijd was overleden. Hij wilde met zijn vrouw praten. 'Had hij gevoel voor humor?' vroeg ik haar. 'Hij zegt namelijk tegen me: "Ik ben dan wel uit de boot gevallen, maar dat wil niet zeggen dat ik de wedstrijd heb verloren."'

Onze overleden dierbaren gebruiken heel veel tekens en signalen om ons te laten weten dat ze nog steeds met ons verbonden zijn. Vogels, zoals kolibries, vlinders en andere natuurverschijnselen komen vaak voor. Net als geluiden en andere vreemde gebeurtenissen rond het ogenblik van iemands overlijden. Een vrouw die zeer plotseling was overgegaan – terwijl ze aan de telefoon zat met haar beste vriendin, Carolyn – probeerde uit alle macht om te communiceren met haar moeder op aarde. 'Ik zie dat ze op voorwerpen slaat, dat ze lawaai probeert te maken om je te bereiken,' zei ik. 'En ze heeft ook iets met een klok gedaan.'

'Grappig dat je dat zegt,' antwoordde Carolyn. 'Ik heb onverklaarbare geluiden gehoord in haar huis en het horloge van haar moeder is stil blijven staan op het moment waarop haar dochter overleed.'

Veel geesten lijken het makkelijk te vinden om elektriciteit te manipuleren, wat niet zo verbazingwekkend is, omdat elektriciteit een vorm van energie is. Na een overlijden vertellen mensen wel eens dat ze lichten hebben zien flikkeren of aan- en uitgaan zonder dat er iemand bij het lichtknopje in de buurt was. Een vrouw die haar vader had verloren, vertelde me dat toen ze met haar verloofde trouwplannen begon te maken, er buiten hun huis telkens een lamp aan en uit ging. 'Toen ik ging kijken, zag ik dat de stekker niet eens in het stopcontact zat,' zei ze.

'Je vader geeft een teken dat hij blij is met je huwelijk,' zei ik tegen haar.

Kinderen hebben een pure energie en staan er meer voor open om de Essentie van onze overleden dierbaren te voelen. Als je een kind hebt dat zegt dat hij zijn oma of opa ziet, of dingen hoort van een overleden broer, zus, ouder of vriend, ontken die ervaring dan niet en zeg niet dat hij zich vergist. Luister naar wat het kind te zeggen heeft. Soms zijn deze prachtige zielen heldere kanalen die ons helpen boodschappen te horen van overledenen. Ik hoorde onlangs van Greta, die haar geliefde broer had verloren, dat ze vaak stomverbaasd was dat haar zoontje uitdrukkingen gebruikte die alleen haar overleden broer tijdens zijn leven had gebruikt. 'Mijn zoontje is nog te jong om zich mijn broer te herinneren,' zei Greta. 'Maar het is net alsof mijn broer hem dingen in zijn oor fluistert.'

Op dezelfde manier waarop de Essentie tot ons kan spreken via onze dromen, kunnen onze dierbaren dit kanaal ook gebruiken om te communiceren. Tijdens onze dromen werkt onze bewuste geest niet meer en staan we open voor boodschappen uit het hiernamaals. Een moeder die haar dochter bij een auto-ongeluk had verloren, droomde dat haar dochter voor de deur stopte. 'Ik zei tegen haar: "Maar we hebben je begraven!"' zei haar moeder tegen me. 'En zij zei: "Je ziet toch dat dat niet waar is – hier ben ik."'

'Op die manier vertelde ze je dat het goed met haar gaat en dat ze een nieuw leven heeft in de hemel. Ze is bij haar oma en maakt voor ieder van jullie een gezellig thuis voor als jullie naar de hemel gaan. Maar dat duurt nog wel even!' verzekerde ik de moeder.

Als we er allemaal achter zouden komen dat we nog maar vijf minuten hadden om te zeggen wat we wilden zeggen, zou elke telefooncel bezet worden door mensen die anderen belden om te zeggen dat ze van hen hielden.

CHRISTOPHER MORLEY

Liefde sterft nooit en onze dierbaren in geestelijke vorm doen hun uiterste best om ons te laten weten hoeveel ze om ons geven. Dit feit zou ons in elk geval al moeten aansporen om elke mogelijkheid aan te grijpen om contact te maken met onze dierbaren op aarde, tegen hen te zeggen hoe belangrijk ze zijn en hoeveel we om hen geven. Ook zou het ons moeten aansporen onze relaties te zuiveren. Laat dingen niet dooretteren, sluit vrede met mensen terwijl ze hier op aarde zijn, in plaats van met spijt achter te blijven als ze zijn overleden omdat je niet hebt gezegd wat er gezegd moest worden. Omhels je dierbaren nu ze er nog zijn. Wanneer ze sterven, zul je je elke omarming herinneren, elke uiting van liefde, en zij ook. Die ogenblikken van gedeelde liefde zijn het enige wat we kunnen meenemen als we overlijden. Hierdoor zullen degenen die achterblijven zich herinneren dat de dood slechts een tijdelijke, fysieke scheiding is, dat liefde sterker is dan de dood en dat we altijd verbinding kunnen maken met degenen van wie we houden – van geest tot geest, van Essentie tot Essentie, van hart tot hart.

7

Goed en kwaad: de Essentiële paradox

We kunnen de juiste weg voor ons pas vrijelijk en verstandig
kiezen als we goed en kwaad kennen.

HELEN KELLER

Als de Essentie de energie is waarop alles in het universum is gebaseerd, de kracht die goedheid, liefde en wijsheid is, hoe kan die
energie dan omslaan in het leed, geweld en de wreedheid die we
maar al te vaak op het nieuws en in ons eigen leven zien? Hoe kan
een liefhebbende en zorgzame Essentie genocide, moord of misbruik en dergelijke toestaan? Als God goed is, waarom bestaat het
kwaad dan? De mensheid worstelt al sinds de oudheid met die vragen. Goed en kwaad lijken deel uit te maken van de structuur van
het universum. Hoe kan dat, als de ultieme goedheid van de Essentie onze fundamentele aard vormt?

Ik ben geen filosoof en ik weet niet zeker waarom we goed en
kwaad in de wereld hebben, of in het hiernamaals. Maar ik ben
twee dingen gaan geloven en aanvaarden. Ten eerste: misschien
hebben we de dualiteit – de energie van het goede en die van zijn
tegenpool – op een of andere manier nodig om de wereld überhaupt te laten bestaan. De schepping die is beschreven in het boek
Genesis komt per slot van rekening voort uit dualiteit, uit de te-

genstellingen van hemel en aarde, licht en donker. 'In den beginne schiep God den hemel en de aarde. De aarde nu was woest en ledig, en duisternis was op den afgrond... En God zeide: Daar zij licht! en daar werd licht. En God zag het licht, dat het goed was; en God maakte scheiding tussen het licht en tussen de duisternis.' (Genesis 1:1-4.) Hoe zouden we zonder het licht de duisternis kennen? Hoe zouden we zonder de duisternis het licht kennen? In de Chinese traditie heeft yin (de heldere, mannelijke energie) yang (de donkere, vrouwelijke energie) nodig om te kunnen creëren. Misschien zijn wat wij als tegenstellingen zien in de energie van het universum in feite elkaars complement, twee helften van hetzelfde geheel, en zijn ze beide nodig om ervoor te zorgen dat de wereld blijft bestaan. Zoals Deepak Chopra opmerkt: 'Als er alleen maar waarheid, goedheid, harmonie en schoonheid waren, dan zou het universum uitdijen en verdwijnen. Er moet iets zijn om het tegen te houden.'

Ik denk dat in elke mens dezelfde dynamische spanning heerst. De opvatting dat mensen van nature slecht zijn omdat we in de Hof van Eden God niet hebben gehoorzaamd, onderschrijf ik absoluut niet. Maar ik geloof wel dat mensen in zichzelf het potentieel hebben voor goed en kwaad. Natuurlijk is onze Essentie goedheid, liefde en wijsheid, maar als elke energie in het universum het potentieel voor het tegengestelde in zich heeft, dan geldt dat ook voor mensen. Heeft elke emotie niet een lichte en een donkere kant? Liefde kan jaloezie worden, goedheid zelfingenomenheid, wijsheid kan dogmatisme worden en vredelievendheid angst voor conflicten. Met liefde, wijsheid, vredelievendheid en goedheid bezitten we ook het potentieel voor haat, wreedheid, angst, egoïsme, geweld, arrogantie en onverschilligheid jegens anderen. Carl Gustav Jung noemde zulke karaktertrekken onze 'schaduw', de aspecten van onze persoonlijkheid die we niet willen kennen of willen uiten, maar die enorme innerlijke schade kunnen veroorzaken als ze worden ontkend of genegeerd.

De waarheid over mensen, de eeuwige waarheid die wordt ge-symboliseerd in het verhaal van Adam en Eva in het paradijs, is echter dat we steeds de mogelijkheid hebben om te kiezen tussen goedheid en het tegengestelde. Vrije wil houdt in dat we kunnen kiezen voor de weg en handelingen die ons dichter bij de Essentie brengen of ons er verder vandaan leiden. We kunnen besluiten om kwetsend, wreed, ongevoelig, gewelddadig, oneerlijk, vooringeno-men en boosaardig te zijn. We kunnen ervoor kiezen om niet te zien hoe goed en waardevol andere mensen of wijzelf zijn. De meesten van ons hebben zich op een bepaald moment onoplet-tend of per ongeluk zo gedragen en de effecten daarvan gevoeld. We kunnen er echter voor kiezen om in plaats daarvan dichter bij de Essentie te raken door goed te doen, ons liefhebbend op te stel-len, anderen te helpen, de waarheid te vertellen – de waarden die in culturen over de hele wereld worden onderwezen. Met elke keuze geven we ons leven een richting, die een belangrijke invloed zal hebben, niet alleen op de dag van vandaag maar ook op alle levens die nog komen. Onze incarnaties zijn bedoeld om ons op de proef te stellen, om ons te confronteren met problemen en om ons te le-ren de enorme macht van onze vrije wil te gebruiken. Het hoort bij onze verantwoordelijkheid op aarde om de best mogelijke keuzes te maken, om de lessen te leren die ons dichter bij de Essentie bren-gen. Als de enige keuze goedheid was, hoe zou je dan kunnen groeien?

Het leven op zichzelf is goed noch slecht; het is de locatie van
goed en kwaad, en jij vult die in.
MONTAIGNE

Misschien weerspiegelen onze levens op aarde de ontwikkeling van baby tot volwassene die we in onszelf zien. Wanneer we baby zijn, zorgen onze ouders voor al onze behoeften. We hoeven geen beslissingen te nemen, we uiten gewoon onze wensen en de 'goedheid' – de mensen die van ons houden – vervult ze. Maar als we opgroeien, ontdekken we dat we zelf dingen kunnen doen. We beginnen te kruipen, te lopen en daarna te rennen. We gaan van borstvoeding over op voeding met een lepel en uiteindelijk eten we zelf. We willen beslissingen gaan nemen en zelf ons leven bepalen – met welk speeltje we spelen, wat we dragen, wanneer we naar bed gaan. Als je keuzes kunt maken, geeft dat een gevoel van plezier en macht, maar dit betekent ook dat we de verantwoordelijkheid hebben om te leren wat de effecten van onze keuzes zijn, op onszelf en op anderen. Als we ervoor kiezen een speeltje af te pakken van een speelkameraadje, wat gebeurt er dan? Het andere kind gaat huilen, of slaat ons misschien wel. Als we het speeltje waarmee wij spelen aan iemand anders geven, wat levert dat dan voor resultaat op? Misschien nodigt het andere kind ons wel uit om mee te spelen. Als we geen keuze hadden, als we alleen maar het goede konden kiezen, zouden we dan dezelfde lessen leren? Natuurlijk niet. Alleen baby's en mensen met een verstandelijke beperking hebben anderen nodig die keuzes voor hen maken. Het feit dat we in staat zijn om tussen goed en kwaad te kiezen, de vrije wil hebben om ja of nee te zeggen tegen de appel in de Hof van Eden, zorgt ervoor dat we kunnen groeien en de prachtige, op de Essentie lijkende zielen worden, waarvan de ultieme goedheid wil dat we die zijn.

Groeien en leren houdt ook in dat we moeten leren om de paradox, de dynamische spanning tussen tegenstellingen, in de wereld en in onszelf te begrijpen en te aanvaarden. We moeten het feit aanvaarden dat in ons duisternis zit, dat we allemaal het potentieel hebben om slechte dingen te doen. We moeten inzien dat we duistere emoties hebben die deel uitmaken van onze aard en dat we in staat zijn onszelf en anderen kwaad te doen. We moeten die neigingen erkennen en dan een ander pad kiezen. We moeten de delen van onszelf aanvaarden die niet resoneren met het hoogste en onszelf onze mislukkingen vergeven, terwijl we er altijd naar blijven streven om het beter te doen. In een eerder hoofdstuk zeiden we dat we een hekel moeten hebben aan de zonde en de zondaar moeten liefhebben. Dat moeten we eerst jegens onszelf doen voordat we dat jegens anderen kunnen. We moeten van alle aspecten van onszelf houden, zelfs van aspecten die potentieel duister zijn, terwijl we ervoor kiezen om alleen goed te doen. Je duistere kant aanvaarden zonder ernaar te handelen is een belangrijke stap op weg naar ons worden zoals de Essentie.

Wanneer we de aanwezigheid van duistere kanten in onszelf kunnen erkennen en vergeven, kunnen we dat ook bij anderen. We aanvaarden of vergoelijken het kwaad niet en doen ons best ertegen te strijden wanneer we ertegenaan lopen, maar we kunnen begrip en mededogen opbrengen voor iemand die een zonde begaat. 'Oordeelt niet, opdat gij niet geoordeeld wordt,' zei Jezus in de Bergrede. Wanneer we inzien dat ook wij in staat zijn tot het kwaad, kunnen we begrip hebben in plaats van te oordelen, mensen vergeven in plaats van wraak te voelen en begaan zijn met mensen in plaats van te haten. Als we niet meer veroordelen, geeft ons dat de vrijheid om een andere weg te kiezen.

Als we hier op aarde vooruitgang willen boeken, moeten we het kwaad erkennen, ons ervan afkeren en in plaats daarvan het goede kiezen. Degene die zonder verleidingen door het leven gaat, leidt misschien een goed leven en gaat dan naar een geweldige buurt wanneer hij overgaat, maar degene die wordt uitgedaagd door allerlei verleidingen, die het kwaad moet bestrijden en erin slaagt dat te overwinnen en zelfs onder de moeilijkste omstandigheden goed te doen, maakt veel meer vooruitgang. We hebben de macht om ons leven vorm te geven door de keuzes die we maken en we kunnen elk ogenblik de richting van ons leven veranderen en in plaats van het kwade, het goede doen. Zoals de profeet Mohammed schreef: 'Elk mens heeft twee neigingen: de ene beweegt hem ertoe goed te doen... en de andere beweegt hem ertoe kwaad te doen... maar de goddelijke bijstand is nabij, en hij die om hulp van God vraagt bij de strijd tegen de slechte neigingen van zijn eigen hart krijgt die.'

Er zijn talloze verhalen over mannen en vrouwen die afschuwelijke dingen hebben gedaan toen ze jonger waren, maar die heiligen en rolmodellen zijn geworden. Franciscus van Assisi was een losbandige jonge edelman totdat hij alles weggaf en een bedelmonnik werd. Bill Smith was een kansloze alcoholist tot hij op een dag ervoer dat God bestond en nooit meer een druppel drank heeft aangeraakt. Hij was medeoprichter van de Anonieme Alcoholisten, dat miljoenen mensen heeft geholpen hun alcoholisme te overwinnen.

Soms denk ik dat de zielen die het verst gevorderd zijn de grootste problemen voorgeschoteld krijgen. Het is net alsof er Olympische Spelen van goed en kwaad bestaan, en dat de Essentie alleen maar de topspelers inzet, degenen die het krachtigst en bekwaamst zijn, om haar grootste vijanden onder ogen te komen. Als je voor een enorme uitdaging komt te staan, denk dan aan wat Moeder Teresa zei: 'Ik weet dat God me niets geeft wat ik niet aankan.' (Maar daar voegde ze wel aan toe: 'Ik wilde alleen maar dat hij me niet zoveel vertrouwde.') Soms moeten we onze kracht aanspreken om het kwaad, wanneer het zich voordoet, te overwinnen. We moeten sterk genoeg zijn om de verleiding om kwaad te doen te weerstaan, om niet de makkelijke uitweg te nemen of om niet in ons eigen belang te handelen wanneer dat anderen zou schaden. En we moeten sterk genoeg zijn om het kwaad in de handelingen van anderen te bestrijden. Zoals Martin Luther King jr. ons voor ogen houdt: 'Hij die passief het kwaad accepteert, is er evenzeer bij betrokken als degene die helpt het te voltrekken. Hij die het kwaad accepteert zonder ertegen te protesteren, werkt eraan mee.'

Wanneer we opkomen tegen het kwaad, moeten we onthouden dat het goede op den duur altijd sterker is dan het kwade. Er kan heel veel goed nodig zijn om het kwaad te overwinnen, net als er heel veel lagen witte verf nodig zijn om slechts één laagje zwart te bedekken. Als je je aansluit bij de krachten van het goede, in ons-zelf en in de buitenwereld, kun je er echter kracht uit putten. Wan-neer je in opstand komt tegen het kwaad, gebruik je de kracht van de universele goedheid, waar de Essentie zijn kracht vandaan haalt.

Goed en kwaad vanuit het oogpunt van de eeuwigheid

Er is geen verklaring voor het kwaad. Het moet worden bezien als noodzakelijk onderdeel van de inrichting van het univer-sum. Het is kinderachtig om het te negeren; het is zinloos om het te betreuren.

SOMERSET MAUGHAM

Wanneer je met het kwaad wordt geconfronteerd, moet je ook het volgende voor ogen houden, zodat je de paradox beter kunt begrij-pen van een fundamenteel goed universum dat het kwaad laat be-staan: dit leven is slechts één stadium van de eeuwigheid. Zolang we hier op aarde zijn, kunnen we de redenen voor en de gevolgen van karma en het lot niet zien. We begrijpen de krachten niet die moord, misbruik, genocide en vernietiging toestaan. Hier op aar-de kunnen wij de eeuwige rechtvaardigheid niet zien, die het goe-de beloont en het kwade bestraft, die zien we pas als we overgaan. Aan gene zijde kunnen we beginnen te begrijpen waarom gebeur-tenissen op aarde zich op een bepaalde manier voordoen en zien we hoe ons leven past in de opwaartse spiraal van zielen en geesten die leren en groeien, en één worden met de Essentie.

Nu ik al dertig jaar spreek met geesten aan gene zijde en de energie voel van degenen die in goede buurten en degenen die in slechte buurten verblijven, kan ik vol vertrouwen zeggen dat er al-tijd gerechtigheid en vergelding bestaat voor mensen die zijn af-geweken van het rechte pad en slechte dingen hebben gedaan. Als er geen gerechtigheid is in dit leven, zal het aan gene zijde en in het volgende leven worden voltrokken. Zoals ik al zei, er zijn 'buurten' met verschillende energieën waar onze geesten na onze dood naartoe gaan, afhankelijk van wat we op aarde hebben uitgevoerd. Als iemand hier wreed is geweest of groot leed heeft veroorzaakt, zou zijn geest niet resoneren met een buurt vol goedheid, dus komt hij terecht in een slechtere buurt, waar hij enkele potentieel moeilijke lessen moet leren voordat hij kan verdergaan. Deze slechtere buurten zijn niet prettig. Net zoals we onze eigen hel op aarde kunnen creëren, kunnen wij ook onze eigen hel aan gene zijde maken. Ik heb het niet over het hellevuur, de pijn van de geesten in deze buurt wordt in plaats daarvan veroorzaakt doordat ze het leed zien en voelen dat ze op aarde anderen hebben toegebracht. Stel je verkrachters of moordenaars voor die de lichamelijke en emotionele pijn moeten doormaken die hun slachtoffers hebben gevoeld – misschien is dat wel de ware betekenis van 'oog om oog'. Ook voelen ze de pijn als ze zien welke betere keuzes ze hadden kunnen maken, waardoor ze hadden kunnen groeien in goedheid, wijsheid en liefde. Het zien en voelen van de gevolgen van slechte keuzes, voor onszelf en voor anderen, veroorzaakt een van de ergste soorten pijn die we kunnen ervaren: de pijn van kansen die voor altijd verloren zijn gegaan. Na een tijd in deze slechtere buurten incarneren de geesten, zodat ze de kans krijgen om dingen recht te zetten en om het goede boven het kwade te verkiezen. Maar ze moeten wel lijden onder het slechte karma dat ze in hun eerdere levens hebben gecreëerd. Wat je zaait, zul je oogsten, en de omstandigheden waarin we tijdens ons leven verkeren, worden erdoor bepaald.

Het goede nieuws is dat we in elk leven de kans hebben om de geesten aan gene zijde die in slechte buurten verblijven, te helpen. Als er een dierbare is die zichzelf of anderen schade heeft toegebracht, bid dan voor hem. Stuur hem je liefhebbende energie. Je gedachten en gebeden zullen hem helpen om zijn lessen te leren en zijn energieniveau te verhogen, zodat hij sneller zijn daden kan goedmaken. Hij moet nog steeds het door hem gecreëerde karma onder ogen zien wanneer hij weer terugkomt op aarde, maar jouw gedachten en gebeden kunnen het gemakkelijker voor hem maken om zijn lessen te leren en te groeien. Onze keuzes voor goed en kwaad hier op aarde vormen echt een eeuwige erfenis, die ons leven in het hier en nu en in het hiernamaals zal vormgeven. Wanneer je wordt geconfronteerd met het kwade, of de verleiding om iemand kwaad te doen, denk er dan aan dat je keus op dit ogenblik je in een bepaalde richting stuurt, naar het goede of naar zijn tegenpool.

Wanneer 'Doe geen kwaad' is begrepen, leer dan de moeilijkere, dapperdere regel: 'Doe goed'.

ARTHUR GUITTERMAN

Wat voor goeds zal ik doen/heb ik gedaan?

Benjamin Franklin stond bekend om zijn aforismen en adviezen over hoe rechtschapen te leven. Naar verluidt vroeg hij zich elke dag wanneer hij wakker werd af: 'Wat voor goeds zal ik vandaag doen?' 's Avonds, als hij ging slapen, vroeg hij: 'Wat voor goeds heb ik vandaag gedaan?' Deze twee vragen hielpen hem zich op het goede te richten en op dingen bereiken. Stel jezelf elke ochtend en avond eens deze vragen en zie hoe ze je dag vormgeven.

Geesten van goed en kwaad

Ongezien beschrijden miljoenen geestlijke schepsels de Aard
Zowel wanneer we wake' als wen wij slapen.

JOHN MILTON, *HET PARADIJS VERLOREN*

Net zoals er yin en yang is, zijn er goede en slechte energieën in het universum, geesten en energieën die niet langer verbonden zijn met lichamen, maar die toch aanwezig zijn op aarde. De goede energieën kunnen ons helpen ons te verheffen en te inspireren om te leren en te groeien in liefde en wijsheid. De slechte energieën willen ons bang maken en ons ertoe verlokken om dingen te doen die slecht karma creëren. Zowel de goede als de slechte energieën kunnen zich aan mensen en plekken op aarde en aan gene zijde hechten. Ben je ooit in een kerk of op een gewijde plek geweest waar je goede en heilige energie hebt gevoeld? Dan heb je misschien de aanwezigheid van goede geesten en engelen gevoeld. Ik geloof dat bij sommige vereringsplaatsen waar mensen genezen worden engelen aanwezig zijn, om naar de gebeden van de gelovigen te luisteren en hun verzoeken om gezegend en gezond te worden te verhoren. Aan de andere kant zijn er ook plaatsen waar je slechte energie kunt voelen. In de concentratiekampen van de nazi's is de grond doordrenkt met en de lucht doortrokken van de sporen van de wrede dood van miljoenen mensen. Er zijn maar weinig bezoekers die niet diep getroffen worden. Op andere locaties houden zich wat ik bedrieglijke energieën noem op, geesten van een laag niveau die ons weg willen trekken van het goede, naar het kwade toe. Ze wijzen ons de verkeerde weg en doen hun best ons het slechtste over onszelf en anderen te laten geloven. Als je in de buurt van dergelijke geesten bent, hoe kort ook, kan dit een afschuwelijk effect op ons lichaam en onze ziel hebben: we kunnen depressief, boos, verdrietig of angstig worden.

Eerder heb je het verhaal gehoord over een vrouw wier vader

zelfmoord had gepleegd. We gingen samen naar het appartement waar haar vader had gewoond. 'Ik ben hier een paar maanden geleden met mijn man geweest en op het moment dat ik de woonkamer in kwam, werd ik misselijk,' zei ze tegen me terwijl we de trap naar zijn appartement op liepen. Ik keek uit het raam van de woonkamer: naast het gebouw lag een begraafplaats. Ik werd ook misselijk en snel verlieten we het huis. Zodra we buiten waren, voelden we ons allebei beter. Ik zei tegen de vrouw: 'Er zijn bedrieglijke geesten die zijn verbonden met die begraafplaats. Ze proberen je van streek te maken en ervoor te zorgen dat je denkt dat je vader slecht was, maar dat is niet waar. Omring jezelf met beschermend wit licht als je dit soort energie weer voelt en stuur je vader aan gene zijde heel veel helende energie.'

Gelijken trekken elkaar aan, en mensen die zijn afgestemd op duistere energieën of een moeilijke tijd doormaken, zoals de vader van deze vrouw, worden soms aangetrokken tot plaatsen met negatieve energie. En omdat we in dergelijke perioden emotioneel kwetsbaar zijn, kunnen de negatieve energieën misbruik van ons maken en ons makkelijker het duister in trekken. Daarom moeten we zo zorgvuldig omgaan met onze energie, vooral wanneer we negatieve emoties voelen. Als je merkt dat je zonder reden depressief, boos of gewelddadig wordt wanneer je een huis of andere plek binnengaat waar je nooit eerder bent geweest, of als je lichamelijk onwel wordt, dan kan het zijn dat je een bedrieglijke geest hebt ontmoet. Omring jezelf met wit licht, zeg een gebed op ter bescherming en maak dat je wegkomt. Zelfs als je emoties niet te wijten zijn aan een geest, zal het je energieniveau verhogen als je jezelf omringt met wit licht en zal dit je negatieve gevoelens misschien verzachten.

Gelukkig zijn er ook goede energieën, die ons omringen en ons het beste toewensen. We hebben het al over beschermengelen en gidsen gehad. Die zijn vaak bij ons, net zoals andere goede geesten die naar de aarde komen om ons te helpen. Mary Baker Eddy schreef: 'Wanneer engelen ons bezoeken, horen we geen ruisende vleugels, noch voelen we de vederlichte aanraking van een duivenborst, maar we weten dat ze aanwezig zijn door de liefde die ze in ons hart brengen.' Wanneer je zonder bepaalde reden liefde voelt, kan het zijn dat je in de nabijheid van een engel of goede geest verkeert, misschien zelfs de geest van een overleden dierbare. Begroet hem of haar dan en stuur liefde terug. Vraag deze geesten en engelen om hulp, maar maak altijd eerst verbinding met de Essentie. Hierdoor weet je zeker dat de geesten die je waarneemt hoog ontwikkeld zijn.

Bescherm jezelf tegen negatieve energie

O eng'len en genadeboden, hoedt ons!
WILLIAM SHAKESPEARE, *HAMLET*

Als je voelt dat je tegenover slechte of negatieve energieën staat, bescherm dan allereerst je Essentie. Wit licht is net een beschermend schild dat negatieve energie afweert. Dit verlicht ook je omgeving en kan alles onthullen wat zou kunnen proberen je kwaad te doen. Hoe meer je het deze goedheid toestaat je lichaam te doordringen, hoe meer deze je kan beschermen. Bidden is een andere krachtige bescherming. Er is een gebed dat ik al twaalf jaar opzeg voordat ik een reading begin. Daarin vraag ik de Essentie om ons te begeleiden en te beschermen terwijl we de wijsheid van het universum gebruiken en spreken we onze zuivere bedoeling uit om in deze wereld en de volgende liefde te verspreiden en het leven te helen. Je kunt je eigen versie van dit gebed maken, of een gebed of mantra gebruiken dat je al kent, zoals een rozenkrans, of het Onzevader, of wat er ook maar betekenis heeft voor jou. Of je kunt gewoon je ogen sluiten, verbinding maken met de Essentie en om haar bescherming vragen. Ook is het goed om je beschermengelen en gidsen op te roepen als je negatieve energie om je heen voelt. Denk eraan: wij hebben de macht over de geesten en energieën die ons omringen, zij hebben geen macht over ons, tenzij we hun die macht verlenen. Daarom is het zo belangrijk om je steeds op het goede te richten, steeds aan je Essentie te denken en in te zien hoeveel macht je hebt om je handelingen en je leven richting te geven. Die macht omvat vaak ook het ondernemen van praktische dingen om het kwaad te bestrijden. Er is een verhaal over een vrouw die boos tegen God klaagde over alle armoede en leed in de wereld. 'Waarom hebt u dit laten gebeuren?' vroeg ze huilend. 'Waarom doet u niets?'

'Dat heb ik gedaan,' antwoordde God. 'Ik heb jou gemaakt.'

Wij zijn de handen van het goede in de strijd tegen het kwade, dus we moeten bereid zijn tegen het kwaad in opstand te komen en nee te zeggen, om het kwaad uit te dagen en ervoor te zorgen dat het niet in ons leven en in het leven van anderen ingrijpt. We moeten bereid zijn alles te doen wat nodig is om onszelf te beschermen tegen degenen die ons kwaad zouden kunnen doen.

Er was eens een vrouw wier vader doorkwam in een reading en die de huidige relatie van zijn dochter in het oog hield. 'Deze man in je leven, Thomas, was je echtgenoot toen je vader nog leefde,' zei ik. 'Jullie zijn gescheiden, maar nu is hij terug. Je vader wil Thomas laten weten dat hij moet bewijzen dat hij er spijt van heeft dat hij je heeft gekwetst en vreemd is gegaan. Je vader zegt dat je veel te goed van vertrouwen bent en dat je tegen Thomas moet zeggen dat als hij één misstap maakt, hij op kan stappen.'

Het goede moet nooit een voetveeg voor het kwade zijn. Dat wil de Essentie niet voor ons, en dat zorgt zeker niet voor een hoger niveau van goedheid in de wereld. We moeten bereid zijn aan de kant van de engelen te staan, te strijden en sterk te zijn.

Angst en Essentie

Alleen een dwaas is nooit bang.

RON MEYER

Hoewel velen van ons angst zien als negatieve of donkere emotie, dient hij een nuttig doel. Angst kan een waarschuwing zijn dat er iets mis is. Hij kan aangeven dat er gevaar dreigt. Hij wijst ons op potentiële problemen of negatieve energieën. Angst kan ons laten weten dat we ons op onbekend terrein begeven. Hij kan zelfs aangenaam zijn: daarom zijn achtbanen en enge films zo populair. Angst kan ons vertellen dat we ons ergens op moeten voorbereiden, onze moed bijeen moeten rapen en iets moeten doen, of anderen moeten waarschuwen en maken dat we wegkomen. Angst kan ons beschermen, of verhinderen dat we ons uiterste best doen. Angst kan beletten dat wij de Essentie ervaren of ernaar luisteren. Hij kan ons scheiden van het besef wie we werkelijk zijn. Maar angst kan er ook voor zorgen dat we een hogere macht om hulp vragen. We kunnen allemaal angstige ogenblikken ervaren, maar er ontstaan pas problemen als angst een onafgebroken onderdeel van ons leven wordt, of wanneer er zonder reden angstgevoelens opkomen, of als angst ons ervan weerhoudt te handelen.

Goede angst waarschuwt ons en zorgt ervoor dat we actie ondernemen. Je loopt over straat en plotseling word je zonder reden bang, dus ga je aan de overkant lopen. Dan komt er een man de hoek om die er gevaarlijk uitziet. Je angst heeft je op een potentieel gevaar gewezen voordat je het zelfs maar bewust kon zien. Dat is goede angst. Door goede angst houden we even halt om na te denken en ons voor te bereiden.

Slechte angst schakelt ons echter uit en weerhoudt ons van handelen wanneer we dat wel zouden moeten doen. Slechte angst ontstaat vaak als we onze beperkingen voelen. Stel dat je gevraagd wordt om tijdens een jaarlijkse conferentie een toespraak te houden. Je hebt nog nooit een toespraak gehouden voor een grote, prestigieuze groep, maar het is een belangrijke stap in je carrière, dus je antwoordt bevestigend. Zodra het woord 'ja' je mond verlaat, ben je doodsbang. Slechte angst zorgt ervoor dat je tegen jezelf zegt: 'Dit kan ik niet!' Slechte angst zorgt ervoor dat je allerlei concepten van je toespraak schrijft en ze allemaal weggooit omdat ze niet goed genoeg zijn. Slechte angst zorgt ervoor dat je 's nachts ligt te piekeren, of dat je droomt dat je in je ondergoed voor het publiek staat. Slechte angst verhindert dat je je bronnen aanspreekt en je adequaat voorbereidt. Uiteindelijk kan slechte angst een selffulfilling prophecy zijn: je kunt de toespraak echt niet houden omdat je zo bang bent. Slechte angst zuigt ons leeg en put ons uit. Hij kan je blind maken voor de informatie die je nodig hebt. Als je voortdurend in angst leeft, dan weet je nooit wanneer je intuïtie je waarschuwt. Op zijn allerergst kan slechte angst ons zelfs in zijn greep houden als de situatie al is veranderd. Iemand die bijvoorbeeld ooit is beroofd, kan bang zijn om alleen over straat te lopen, zelfs op klaarlichte dag in een veilige buurt. Slechte angst heeft vaak niets te maken met de werkelijkheid. Zoals Samuel Butler schreef: 'Angst is statische ruis, waardoor ik mezelf niet kan horen.' Slechte angst zorgt ervoor dat wij de enorme bronnen aan emoties en intellect die we hebben over het hoofd zien. En het ergste is dat slechte angst ons kan afsnijden van de bron van onze diepste kracht: de Essentie binnen in ons.

Wanneer je angst voelt opkomen, moet je eerst logisch nadenken en je gezonde verstand gebruiken om te zien of dat een gegronde reactie op de situatie is. Als je je in een potentieel gevaarlijk deel van de stad bevindt, dan zullen logica en gezond verstand je vertellen dat angst waarschijnlijk een slimme reactie is. Het is bijvoorbeeld ook heel natuurlijk dat je de eerste keer dat je iets probeert een beetje bang bent, maar dit kan snel omslaan in opwinding als je het rustig, stap voor stap, aanpakt. Stel jezelf de vraag: 'Waar komt deze angst vandaan? Is er een logische reden voor het feit dat ik me niet op mijn gemak voel?' Als je angst te wijten is aan iets wat een redelijk mens zou begrijpen, dan is je angst een signaal om ofwel (1) je omstandigheden te veranderen of (2) je goed voor te bereiden. Als je over straat rijdt en er komt een grote auto op de verkeerde weghelft op je af gescheurd, dan zullen logica en gezond verstand je vertellen dat je de omstandigheden zo snel mogelijk moet veranderen! Het kan ook zijn dat je angst een signaal is om je voor te bereiden. Weet je nog het voorbeeld waarin je werd gevraagd of je een toespraak wilde houden? Je angst is een signaal dat je je goed moet voorbereiden. Schrijf je toespraak dus uit en oefen hem totdat je je helemaal op je gemak voelt met wat je gaat zeggen. Op de dag van de conferentie stap je dan vol zelfvertrouwen het podium op, je angst gereduceerd tot gefladder in je buik en een prettig, verwachtingsvol gevoel.

Als je angst ergens anders vandaan lijkt te komen dan logica of gezond verstand, dan moet je verbinding maken met de innerlijke wijsheid van de Essentie om erachter te komen wat je moet doen. Intuïtieve angst ontstaat diep vanbinnen. Het kan een knagend gevoel zijn dat er iets niet helemaal klopt, of een sterke zekerheid van dreigend gevaar. Dit merken we vaak in onze maag of ergens in de buurt van ons hart. We negeren intuïtieve angstgevoelens op eigen verantwoordelijkheid, want het is de Essentie die probeert ervoor te zorgen dat we geen schade lijden of een verkeerde keuze maken. Misschien ga je al een tijdje met iemand om en wordt de relatie steeds serieuzer, maar is er iets wat je nerveus maakt (een ander woord voor angst). Je negeert je gevoelens en jullie gaan samenwonen, waarna je erachter komt dat je geliefde vreemdgaat. Als je naar je intuïtieve angst had geluisterd, had je jezelf misschien heel wat hartzeer bespaard.

Als je bang wordt zonder dat je dat kunt verklaren door logica of gezond verstand, of de angst komt uit je lichaam en niet uit je geest, omring jezelf dan met wit beschermend licht en vraag de Essentie welke boodschap deze angst voor je heeft. De boodschappen die onze intuïtie ons geeft, zijn even waardevol als, of soms zelfs waardevoller dan, wat logica en gezond verstand ons kunnen vertellen, als we problemen willen voorkomen en geen schade willen oplopen.

Angst is een soort bel, of gong, die bij de nadering van gevaar de geest snel tot leven brengt om dit te ontlopen. Het is het signaal van de ziel om zich te weer te stellen.

HENRY WARD BEECHER

Je kunt ook bang zijn omdat je iets doet wat je nog niet eerder hebt gedaan. Expansie is de fundamentele aard van de Essentie, en dus is het ook onze aard. Elk ogenblik kunnen we ervoor kiezen iets beters te creëren, iets nieuws, om ons leven uit te breiden, of te blijven waar we zijn. Helaas is het, omdat het de aard van de Essentie is om te expanderen, net alsof we samentrekken als we hetzelfde blijven: de wereld om ons heen groeit en wij nemen steeds minder ruimte in. Mensen kunnen verandering eng vinden en velen van ons hebben gebieden waarop we ons veilig voelen omdat ze bekend zijn. Zelfs als we ons in onze routine niet prettig voelen, stappen we er bijna nooit uit – zoals een oud spreekwoord zegt: 'Je weet wat je hebt, maar niet wat je krijgt.' Door angst om uit je routine te stappen, blijven veel mensen hangen in schadelijke relaties en werk zonder vooruitzichten. Duizenden mensen doen geen moeite hun dromen te verwezenlijken omdat ze bang worden telkens wanneer ze zich buiten hun vertrouwde kringetje wagen. Dus blijven ze gewoon rondjes lopen in dezelfde alledaagse routine totdat die een uitgesleten pad wordt. En zoals iemand ooit tegen me zei: 'Als je op een uitgesleten pad blijft lopen, wordt dat uiteindelijk zo diep als een graf.'

De angst die ons tegenhoudt om uit de routine te stappen, is gebaseerd op één van de volgende twee foutieve aannames. Ten eerste zijn we bang dat we niet goed genoeg zijn en dat we niet met een nieuwe situatie om kunnen gaan. We hebben het gevoel dat we niet de ervaring hebben, of de middelen, of de emotionele kracht om met wat zich buiten bevindt om te gaan. We zitten vast in een beperkte opvatting over onszelf en onze vaardigheden. We vergeten dat we alle middelen, alle kracht, alle macht van het universum in ons hebben. In Essentie zijn we altijd genoeg en we kunnen alles aan wat de Essentie op ons pad brengt. De tweede angst is eenvoudigweg de angst voor het onbekende. We hebben geen vertrouwen in of zekerheid over de uitkomst als we onze routine achter ons laten en iets nieuws proberen. We geloven in de illusie dat we überhaupt kunnen weten wat er te gebeuren staat! De enige zekerheid in het leven is dat dingen veranderen, dus het is onmogelijk om te proberen dingen zo te houden als ze zijn. We zouden beter af zijn als we de geschenken van het onbekende zouden aanvaarden, in plaats van ons te verzetten tegen de onvermijdelijkheid van verandering.

Katharine Butler Hathaway was op jonge leeftijd gehandicapt geraakt door wervelkolomtuberculose, maar ze werd schrijfster en trad toe tot het literaire wereldje van New York van de jaren twintig van de vorige eeuw. Ze zei: 'Als je door je angst voor de gevolgen je diepste instinct niet volgt, dan is je leven veilig, doelmatig en armzalig.' Hathaway liet zich door angst voor de gevolgen nooit weerhouden om te doen wat ze wilde met haar leven, en dat zouden wij ook niet moeten doen.

Ik geloof dat angst die geen waarschuwing is voor een duidelijk, dreigend gevaar een signaal is om te onderzoeken wat er echt aan de hand is. Als je je angst goed hebt onderzocht in het licht van de logica, je gezonde verstand en intuïtie, en je kunt geen echte reden vinden voor je angst, dan moet je daarna eerlijk tegen jezelf zijn. Is angst je normale reactie op een situatie? Ben je bang omdat je gericht bent op moeilijke gebeurtenissen uit je verleden? (Als dat zo is, overweeg dan eens om psychologische hulp te zoeken om dat trauma te verwerken.) Is er een geldige reden voor je angst of ben je gewoon bang voor verandering, bang om te mislukken of voor het onbekende? Zit je gevangen in de val van: 'Stel dat…?' 'Stel dat ik faal?' 'Stel dat het niet goed uitpakt?' 'Stel dat ik mijn geld of baan verlies?' 'Stel dat ze me afwijzen?' Als een van deze vragen opdoemt, dan zit je vast in je routine. Eerlijkheid is de eerste stap om buiten die routine te raken en het uitgebreide leven te leiden dat de Essentie voor ons allemaal wil.

Wat is het ergste wat kan gebeuren?

Als je merkt dat je jezelf 'Stel dat…'-vragen stelt, vraag jezelf daarna af: 'Wat is het ergste wat kan gebeuren?' Wat is het ergste wat kan gebeuren als je het inderdaad niet zou halen? Wat is het ergste wat kan gebeuren als het niet goed zou uitvallen, of als je je geld of je baan zou kwijtraken, of zou worden afgewezen? Zou je de gevolgen onder ogen kunnen zien, ook al zouden ze lastig zijn? Door jezelf deze vraag te stellen kun je de waarheid die angst verjaagt beter herkennen.

Aan de andere kant, wat is het beste wat zou kunnen gebeuren? Wat zou er gebeuren als je je angst onder ogen zag en actie zou ondernemen? Hoeveel zou je groeien? Wat zou je kunnen winnen, zelfs als het ergste zich voordeed? Je bent veel meer dan alle omstandigheden die je onder ogen moet zien. Heb de moed om over je angsten heen te stappen, uit je routine, en in een uitgebreid leven.

Vier manieren om met je angst om te gaan

Angst overwinnen is het begin van wijsheid.

BERTRAND RUSSELL

Zodra je de basis van je angst hebt ontdekt, kun je bepalen hoe je ermee om wilt gaan. Ten eerste kun je niets doen en hopen dat de situatie verandert. In sommige gevallen is dat een goede reactie. Wanneer bepaalde dieren in het wild een roofdier opmerken, blijven ze stokstijf staan en gaan op in hun omgeving. In sommige situaties heb je de wil en moed nodig om angst te ondergaan en te overleven. Denk aan de mensen in oorlogsgebieden of tijdens natuurrampen, zoals orkanen. Wanneer je alles hebt gedaan wat je kunt en de storm woedt of er vallen bommen, dan kun je alleen maar blijven zitten en de moed bijeenrapen om je omstandigheden uit te zitten totdat ze veranderen.

In de meeste gevallen is angst echter een signaal dat we moeten 'vluchten' – weggaan – of ons moeten omdraaien en vechten. Je hebt vast wel van de 'vecht of vlucht'-reactie gehoord die de meeste levende wezens hebben. Angst zet ons ertoe aan om onszelf uit een situatie terug te trekken, of om ons om te draaien en te vechten. De tweede manier om met je angst om te gaan is actie ondernemen om die angst achter je te laten. Dat hoeft niet te betekenen dat je uit de omgeving moet weggaan waarin je bang bent, vaker betekent het dat je iets in jezelf moet veranderen. Als je een betere baan wilt, maar je durft je huidige baan niet op te zeggen, dan moet je iets doen om meer zelfvertrouwen te krijgen. Je zou bijvoorbeeld een zoekplan van zes maanden kunnen opstellen, een extra opleiding kunnen volgen zodat je een betere functie kunt krijgen, naar een beroepsadviseur kunnen gaan voor advies over het zoeken naar een baan, enzovoort. Als je je zorgen maakt over je gezondheid heb je niets aan je angst, tenzij je daardoor naar de sportschool of de huisarts gaat, of ongezonde gewoonten verandert. Wanneer je wordt geconfronteerd met een angst, vraag jezelf dan af: wat moet ik anders doen om deze angst te verdrijven en me op dit gebied prettig te voelen? En zet dan minstens één stap in de richting van de verandering die je wilt bewerkstelligen. Als je de eerste stap hebt gezet, zijn je angsten vaak zodanig verminderd dat de volgende stappen gemakkelijker zijn.

De derde manier is je omdraaien en vechten, stelling nemen en je verzetten tegen wat je angst aanjaagt, of het nu uiterlijke of innerlijke omstandigheden zijn. Als je bang bent om die aantrekkelijke persoon mee uit te vragen, zie je angst dan onder ogen en pak de telefoon. Als je altijd al arts, advocaat, verkoper, pottenbakker of tangodanser wilde worden, schrijf je dan in op de universiteit, neem lessen of solliciteer naar die functie. Als je doodsbang bent om te vliegen of te duiken, boek dan een vakantie en stap in het vliegtuig of volg een duikcursus. Elke keer dat we de moed hebben om onze angst onder ogen te zien, zelfs als de resultaten niet helemaal perfect zijn, merken we dat onze angst vermindert en ons zelfvertrouwen groeit. 'Doe datgene waar je bang voor bent, en de angst zal sterven,' schreef Ralph Waldo Emerson. Door onze angsten onder ogen te zien groeien we en krijgen we een beter gevoel van onze ware Essentie.

De vierde manier om met angst om te gaan is geloof. 'Geloof in jezelf en geloof in God zijn de belangrijkste sleutels tot het overwinnen van onze angst,' schreef Harold Sherman, expert in buitenzintuiglijke waarneming en onderzoeker naar het paranormale. Geloof leert ons dat we op onze vaardigheden kunnen vertrouwen. Geloof herinnert ons eraan dat we dezelfde Essentie in ons hebben die het universum in beweging zet en wonderen creëert, zowel hier als in het hiernamaals. Geloof helpt ons ons om te draaien en te vechten en de veranderingen door te voeren die nodig zijn, omdat geloof ons kracht en zelfvertrouwen geeft. Geloof herinnert ons eraan dat het ons voornaamste doel op aarde is om te leren en te groeien, en dat alles waar we bang voor zijn deel uitmaakt van die reis. Buig de energie van de angst om tot geloof. Maak van je angst een uitdaging. Zoals mijn vriend Bob zegt: '*When the going gets tough, the tough get creative!*'

In de loop der tijd kunnen we onze angsten gaan zien als gidsen die aangeven waar we nog het meeste werk te doen hebben, en wanneer we leren ermee om te gaan, zijn we klaar voor grotere uitdagingen. 'De vissers weten dat de zee gevaarlijk is en de storm vreselijk, maar ze hebben deze gevaren nooit voldoende reden gevonden om aan land te blijven,' schreef Vincent van Gogh.

Angst kan er ook voor zorgen dat wij ons naar de Essentie richten als laatste bron van kracht. Soms is er een sterk gevoel zoals angst nodig om onze barrières te slechten en ons op onze knieën te dwingen. Angst kan helpen onze eigen beperkingen te overstijgen en een grotere bron van liefde en wijsheid te ontdekken. 'Angst is de naald die ons doorboort, laat er een draad aan zitten die ons met de hemel verbindt,' schreef James Hastings.

Wanneer we onze kracht uit de Essentie halen, wanneer we naar goedheid in onszelf en anderen zoeken en ons best doen om alle goedheid die we maar kunnen op aarde te verspreiden, dan kunnen we onze angsten overwinnen terwijl we leren en groeien, en elke dag meer als onze ware aard worden. Dan zijn we er werkelijk klaar voor om zij aan zij naast de engelen te strijden.

8

Liefde in al zijn glorie

Liefde is een woord van licht, geschreven door een hand van licht, op een bladzijde van licht.

KAHLIL GIBRAN

We worden geboren met de behoefte om liefde te geven en te ontvangen. Als we niet van onszelf houden en ook de mogelijkheid niet hebben om van anderen te houden, dan teren we weg en gaan we dood. Op school leren we dat de moleculen en atomen in ons lichaam voornamelijk ruimte zijn tussen minuscule stukjes materie. Ik geloof dat de ruimte ertussenin is samengesteld uit liefdesenergie, die noodzakelijk is voor ons bestaan.

'Superioriteit heeft geen superieur, de bevrijder en leermeester van zielen is liefde, aangezien dat hun voornaamste essentie is,' schreef Ralph Waldo Emerson. Liefde ontstaat onder alle omstandigheden en om allerlei redenen. Van sommige mensen houden we vanwege hun uiterlijke schoonheid, van anderen in weerwil van hun gebrek aan schoonheid. (Denk maar aan baby's: mensen houden van baby's, hoe gerimpeld, dik of lelijk die ook zijn. Als je er ooit aan twijfelt of schoonheid niet toch liefde bepaalt, kijk dan eens naar sommige huisdieren waarover mensen hun genegenheid uitstorten!) We houden van sommige mensen om hun edelmoedigheid en van anderen ondanks hun wandaden. Liefde kan de vorm aannemen van bewondering en medelijden, verlangen en onbaatzuchtigheid, aanvaarding en hoge verwachtingen van iemand hebben. Liefde is oneindig flexibel en heel constant. Liefde is als een rivier waarvan het oppervlak nooit hetzelfde is, maar waaronder de stroming gaat, sterk, stil, krachtig en onweerstaanbaar. Liefde is datgene waarvan we zijn gemaakt en wie we zijn, als we het maar zouden herkennen en inzien. Mahatma Gandhi zei: 'Liefde… is de wet van ons wezen.' Liefde is essentieel voor het leven.

Iedereen heeft het vermogen in zich om lief te hebben en om te worden bemind, eenvoudigweg omdat we allemaal deel uitmaken van de Essentie en de Essentie is samengesteld uit liefde. Wanneer we van iemand houden, maken we contact met de Essentie in de ander, zelfs als die Essentie verborgen is. Belangrijker nog: wanneer we van iemand houden, maken we beter contact met de Essentie in onszelf. Daarom is liefde zo'n goddelijke emotie: ze brengt ons op één lijn met de goddelijkheid in ons eigen hart. De liefde die we voelen, is een weerspiegeling van en een herinnering aan de liefde die de Essentie voor ieder van ons voelt. Om te beginnen moeten we echter van onszelf houden, voordat we liefde voor anderen kunnen voelen. Te veel mensen blijven in een relatie hangen omdat ze zichzelf niet op waarde schatten en ze iemand anders nodig hebben om zich compleet te voelen. Maar we moeten eerst onszelf compleet voelen, pas dan kunnen we op een gezonde manier met anderen omgaan. Liefde begint met verbinding maken met onze eigen Essentie en onszelf zien als liefhebbend wezen dat het waard is om liefgehad te worden.

Het uiteindelijke doel van elke relatie is om een steeds dieper contact te krijgen met onze gedeelde Essentie. De reis naar dit doel kan hobbelig of soepel verlopen. Soms is het moeilijk om ons de Essentie van een baby voor ogen te houden als hij blijft brullen, of van een geliefde als hij of zij iets wreeds zegt, of van een vriend of vriendin die ons negeert – of onze eigen Essentie wanneer we die dingen zelf doen. Omgaan met anderen is vaak lastig, maar de dingen die we opsteken van onze relaties met anderen zijn waarschijnlijk de belangrijkste lessen die we op aarde zullen leren. We leren hoe eenvoudig het is om anderen te kwetsen of door anderen gekwetst te worden. We leren de gelukzaligheid en vertroosting van de liefde kennen, het verdriet van een verloren liefde en het verdriet wanneer je de liefde kwijtraakt, en wanneer jij degene bent die weggaat als de liefde verandert. Met elke les worden we er steeds weer aan herinnerd dat we in ons leven liefde nodig hebben. En als we die lessen onthouden, dan is elke relatie een kans om meer in de Essentie te groeien.

Liefde is bovenal het geschenk van het zelf.
JEAN ANOUILH

Denk eens aan de eerste keer dat je iemand ontmoette van wie je ging houden. Waardoor werd je aangetrokken? Ik geloof dat het de Essentie van de andere persoon is die we voelen. Elke relatie draait om twee mensen die hun gemeenschappelijke Essentie ontdekken. Dit kan een lang proces zijn, tijdens een vriendschap die zich langzaam ontwikkelt, of heel plotseling verlopen, zoals bij liefde op het eerste gezicht of wanneer een moeder naar haar pasgeboren baby kijkt. Onze relaties – goed of slecht, heerlijk of pijnlijk, lang of kort – zijn geschenken van de Essentie om ons te helpen verbinding te maken, te leren en te groeien.

Relaties zijn een perfecte spiegel, we leren meer over onszelf in onze relaties dan we ooit ergens anders zouden kunnen leren. In relaties worden onze overtuigingen van wie we zijn tegen het licht gehouden. We kunnen wel geloven dat we liefhebbende, spirituele wezens zijn en dan merken dat we in woede uitbarsten als onze echtgenoot niet belt, onze kinderen er een bende van maken, of onze ouders of vrienden een onredelijke eis stellen. Aan de andere kant kunnen we ons spiritueler voelen als we onze liefde met iemand delen dan na uren meditatie en gebed. Vraag een moeder die haar kind knuffelt of iemand die een stervende verzorgt of hij of zij op die ogenblikken geen ware spirituele band en liefde voelt. Relaties zijn vergrootglazen: we gedragen ons beter en slechter tegenover de mensen van wie we houden dan tegenover anderen. We zien de eigenschappen in hen waar we bij onszelf gek van worden en de karaktertrekken die we het liefst zelf zouden willen hebben. Relaties brengen de waarheid in ons en anderen naar boven. Het is moeilijker om onszelf voor te liegen en jegens onszelf de schijn op te houden die we voor de rest van de wereld ophouden, omdat onze dierbaren ons zo goed kennen dat ze ons daar niet erg lang mee laten wegkomen! Ik denk dat als je mensen zou vragen om één ding te noemen waardoor ze een einde aan een relatie zouden maken, liegen of opzettelijke misleiding boven aan het lijstje zou staan. De basis van elke langdurige relatie bestaat uit verbinding maken met wie de andere persoon werkelijk is en vice versa.

Voor relaties is vertrouwen nodig en vertrouwen moet gebaseerd zijn op de overtuiging dat de ander jouw belang voor ogen heeft en andersom. In de Anglicaanse huwelijksplechtigheid wordt het huwelijk omschreven als een plek waar 'ieder lid van het gezin, in goede en slechte tijden, kracht, kameraadschap en troost kan vinden en in liefde volwassen kan worden.' Hiermee wordt onze verantwoordelijkheid in elke relatie omschreven: we moeten elkaar steun en liefde geven, het beste in de ander naar boven halen, net zoals die ander het beste in ons naar boven haalt. Wanneer we dat doen, worden onze relaties echt geschenken en weerspiegelen ze de Essentie.

De eerste relatie: het gezin

Het gezin is het land van het hart.

GIUSEPPE MAZZINI

Het gezin is de essentiële relatie waarin we onze eerste lessen op aarde leren. De band met ons gezin is onze vroegste ervaring met de liefde, en vaak de sterkste. In de meeste gezinnen offeren ouders blijmoedig alles op voor hun kinderen en zorgen kinderen bereidwillig voor hun ouders als ze ouder worden. De lessen die we in ons gezin leren, zullen ons en de opvattingen waarmee we door de wereld gaan vormen. De manier waarop we met ons gezin omgaan, bepaalt hoe we elke soort liefde ervaren, waaronder ook goddelijke liefde. Het is geen wonder dat in veel culturen de goddelijke Essentie 'Vader' of 'Moeder' wordt genoemd.

Ik had het geluk dat ik geweldige ouders had. Ze hebben me liefde, medeleven en humor geleerd, ze hebben me laten zien dat het belangrijk was om voor mezelf op te komen en het juiste te doen. Bovenal waren ze een toonbeeld van mensen die tot liefhebbende relaties in staat waren, zowel met hun drie dochters als met elkaar. Natuurlijk vond ik toen ik opgroeide niet altijd dat ze geweldig waren – geen enkele tiener vindt dat zijn vader of moeder ook maar ergens iets vanaf weet! En ik heb ook gehoord en gezien dat anderen problemen hadden met hun ouders. Maar ik ben ervan overtuigd dat wanneer we incarneren we ervoor hebben gekozen om in een bepaald gezin en bij bepaalde ouders geboren te worden. Ouders leren ons wie we zijn en wat we van het leven kunnen verwachten. Uiteindelijk zijn zij de eerste leraren van de belangrijkste les die we kunnen leren: de les over liefde.

Ongeacht welk karma we meebrengen, elke geboorte is een nieuw begin. 'Elk kind verbeeldt de boodschap dat God de mens nog niet heeft opgegeven,' schreef Rabindranath Tagore. Soms zie je in de ogen van een baby of jong kind de wijsheid, goedheid en liefde van de Essentie. Misschien is dat een deel van de reden dat we onze kinderen koesteren, omdat ze ons aan onze eigen innerlijke goddelijkheid doen denken. Helaas zijn we nog niet op het punt dat onze liefde even puur, wijs en onvoorwaardelijk is als de liefde van de Essentie voor ons, dus maar al te vaak is de liefde die we onze kinderen geven allesbehalve volmaakt. Zoals iemand ooit zei: we zijn allemaal amateurouders en we geven aan onze kinderen de lessen door die we van onze ouders hebben geleerd, de goede en de slechte. Als het ons karma was om in een gezin vol alcoholisten geboren te worden, dan heeft dat invloed op de manier waarop we onze kinderen opvoeden. Als het ons karma was om in een gezin vol liefhebbende relaties geboren te worden, dan vormt dat het leven van onze kinderen en dat van ons. Een makkelijke of moeilijke jeugd is geen toeval, maar het resultaat van zowel het karma dat we in vorige levens hebben opgebouwd als het karma uit dit leven.

Onze voornaamste taak als ouders is om eraan te denken dat ieder kind een unieke ziel is die ons is toevertrouwd. We moeten die uniekheid van die ziel aanvaarden en kinderen de steun geven die ze nodig hebben. Dat doen we door wanneer het maar mogelijk is het pad der liefde te kiezen. We worden geboren uit liefde en zouden moeten leven en ons ontwikkelen in liefde, want dat is onze aard. Het probleem bestaat eruit dat we dit feit vergeten en reageren uit frustratie, woede of gekwetstheid. Het ouderschap is waarschijnlijk het moeilijkste wat we ooit zullen moeten doen, want het is de grootste verantwoordelijkheid die we ooit zullen hebben. Het is ook niet eenvoudig om kind te zijn, gezien het feit dat we dingen vaak door bittere ervaring moeten leren: door fouten te maken, met vallen en opstaan, en zeker door de frustratie te ervaren dat we niet altijd kunnen zijn of doen wat we op een bepaald moment willen. Maar onze taak als ouder of als kind wordt veel makkelijker als we eraan blijven denken dat onze ware aard liefde is! Liefde zoekt naar gemeenschappelijkheden, niet naar verschillen, liefde ziet op de ergste ogenblikken nog het goede. Wanneer we actief op elk moment de meest liefhebbende keuze maken, leren we onze kinderen om liefde te gebruiken als maatstaf voor hun toekomstige handelingen. Spreuken 22:6 herinnert ons eraan: 'Leer den jongen de eerste beginselen naar den eis zijns weegs; als hij ook oud zal geworden zijn, zal hij daarvan niet afwijken.' Door ons best te doen liefdevol te reageren, helpen we zowel onze kinderen als onszelf om nu en in de toekomst liefdevollere gezinnen te vormen.

Dat betekent natuurlijk niet dat ouders hun kinderen maar in alles hun zin moeten geven, of het gebruik van drugs of alcohol oogluikend moeten toestaan. Het betekent ook niet dat kinderen iemand 'de andere wang moeten toekeren' en moeten dulden dat ze door gezinsleden of iemand anders slecht behandeld worden. Liefde kan ouders en kinderen de kracht geven om te eisen dat ze met liefde en respect behandeld worden. Liefde kan ouders helpen de moeilijke beslissing te nemen om een kind naar een afkickcentrum te brengen, of een kind om in opstand te komen tegen een ouder of leraar die hem kwaad doet of negeert. Denk eraan dat liefde altijd moet voortvloeien uit liefde voor jezelf en zelfrespect. Kiezen voor liefde betekent vaak kiezen wat het beste is voor ouder en kind, zelfs al is de beslissing op dat ogenblik pijnlijk. Het belangrijkste is altijd om te vragen: 'Wat zou de Essentie voor ons allebei willen?' Bedenk dat onze kinderen ons hebben gekozen en wij ervoor hebben gekozen dat onze ouders deze keer onze partners zijn. Als liefde de basis is van de relaties in ons gezin, dan leer je het kind inderdaad de juiste weg, en ook wij kunnen de lessen om in liefde te groeien gebruiken.

Een broer is een vriend geschonken door de natuur.
GABRIEL-MARIE JEAN BAPTISTE LEGOUVÉ

Onze broers en zussen hebben vaak net zoveel invloed op ons als onze ouders. Zoals iemand eens opmerkte: omdat onze ouders waarschijnlijk eerder doodgaan dan wij, bestaan de relaties met onze broers en zussen langer dan alle andere relaties. Ik had heel fijne ouders, maar ik heb gelukkig ook twee geweldige oudere zussen, die toen ik opgroeide mijn oppassers, verdedigsters, voorbeelden en begeleidsters waren. Het is een heerlijk gevoel als je weet dat er mensen in deze wereld zijn die ongeacht wat er gebeurt aan jouw kant staan, die jou al je hele leven kennen en die zowel de hoogte- als de dieptepunten hebben meegemaakt.

Ik heb dit heel duidelijk ingezien toen ik een reading deed voor een vrouw die haar geliefde broer had verloren. 'Hij heette Joost, maar je had een bijnaam voor hem – Brocha, broertje?' vroeg ik aan haar. 'Hij hield onvoorwaardelijk van je en zegt dat hij er altijd voor jou en je zoon zal zijn.'

Het was alsof Joost naast me in de kamer zat, want de energie van zijn liefde voor zijn zus was heel sterk. Broers en zussen kunnen onze beste vrienden zijn en de grootste voorbeelden van wat we wel en niet moeten doen. De relatie met onze broers en zussen verandert vaak gedurende een leven, maar we moeten haar koesteren, want ze is een geschenk.

Vrienden: de andere familie

Een vriend is een tweede zelf.
ARISTOTELES

Vrienden zijn de familie die we kiezen, terwijl we hier op aarde zijn. Onze vrienden weerspiegelen onze opvatting over wie we zijn en hoe we onszelf zien. En net als bij onze familie kunnen de vriendschapsbanden lang voor onze geboorte aan gene zijde zijn gesmeed. Heb je ooit een plotselinge verbinding gevoeld met een vreemde, een onmiddellijk gevoel van vriendschap en nieuwsgierigheid? Vaak wordt die vreemde je beste vriend en blijf je contact met hem of haar houden, zelfs al word je door tijd en afstand van elkaar gescheiden. In dergelijke gevallen kan er een karmische relatie uit een vorig leven bestaan. Bij onze vrienden hebben we het gevoel dat we hen echt kennen en dat hun echte wezen resoneert met dat van ons. Dit soort diepgewortelde vriendschap verrijkt ons leven.

Vriendschappen kunnen ons opbeuren en ondersteunen bij het verbinding maken met de Essentie, en ze kunnen ons stimuleren om keuzes te maken die ons verder brengen in plaats van een stapje terug. Vrienden kunnen ons de weg wijzen of ons aanraden om te keren en genoegen te nemen met minder. Wanneer we onze vriendschappen bekijken, moeten we eerst onszelf onder de loep nemen. Als vrienden zouden we elkaars beste belang voor ogen moeten hebben. Wat voor soort vriend zijn we? Moedigen we anderen aan hun best te doen of genieten we er stiekem van als we iemand verlokken om iets slechts te doen? Helpen we onze vrienden te leren en te groeien of belemmeren we hen?

Het kan moeilijk zijn als we merken dat we uit elkaar groeien omdat onze vrienden veranderen en wij niet (of vice versa). Als dit gebeurt, hebben we twee keuzes. Ten eerste: als onze vrienden beter en wijzer worden, dan moeten we naar onszelf kijken en ons afvragen wat we kunnen doen om hen bij te houden. Vrienden kunnen deuren voor ons openen die anders nooit waren opengegaan. Vrienden kunnen ons een nieuwe richting in sturen en ons gezelschap houden, zodat de reis niet zo angstaanjagend is als die zou zijn geweest wanneer we alleen hadden gereisd. 'Vriendschap is een sterke en routinematige neiging van twee personen om voor elkaar het goede en het geluk te bevorderen,' schreef Eustace Budgell. Als onze vrienden ons uitdagen en steunen in onze groei en wij hetzelfde voor hen doen, dan wordt vriendschap een onmisbaar onderdeel van onze reis.

Ten tweede: als onze vrienden de andere kant op gaan – weg van de Essentie, in de richting van het duister of zelfingenomenheid – dan moeten we zulke goede vrienden zijn dat we daar onze vraagtekens bij zetten en hen opbeuren wanneer we maar kunnen, en als we daar niet toe in staat zijn, moeten we bereid zijn de vriendschap te verbreken. Soms zijn mensen van wie we denken dat het goede vrienden zijn in werkelijkheid 'energiezuigers', zoals ik ze noem. Dat kunnen vrienden zijn die altijd jouw exclusieve liefde en aandacht willen en geen rekening houden met jouw behoeften. Andersom kunnen energiezuigers ook vrienden zijn die jou alles laten doen voor de relatie. Jij bent er voor hen wanneer ze je nodig hebben, maar als jij om iets vraagt, dan hebben ze altijd een uitvlucht. Vriendschap zou een relatie moeten zijn tussen twee gelijken, waarin beide mensen liefde geven en ontvangen. De gelijkheid van de vriendschap is natuurlijk een altijd verschuivende balans, waarin de ene vriend geeft en de ander ontvangt, de ene vriend ondersteunt en de ander wordt ondersteund, afhankelijk van de omstandigheden. Maar als in een vriendschap de balans altijd ongelijk is en de ene vriend overmatig behoeftig is en de andere altijd maar geeft, of de ene vriend zijn of haar behoeften vooropstelt en de andere altijd toegeeft, dan kan de les zijn om de relatie te veranderen of te verbreken.

Maar al te vaak worden we verleid om eenvoudigweg niets te zeggen en zo de vriendschap te behouden, hoewel we weten dat onze vrienden slechte keuzes maken. We verdedigen hun gedrag door dingen te zeggen als: 'Hij heeft het even moeilijk', 'Het is gewoon een fase', 'Het is alleen deze ene keer', of het allerergste: 'Het is niet mijn taak om hem te veranderen, het is maar een vriend.' Het zou kunnen dat het je belangrijkste les is om moedig genoeg te zijn om de keuzes van je vriend die naar de duisternis in plaats van naar het licht leiden in twijfel te trekken. Misschien heb je deze les later in je leven wel nodig, wanneer je met dezelfde situatie wordt geconfronteerd met je kind, kleinkind of jezelf. Emerson schreef: 'De enige manier om een vriend te hebben, is door er zelf een te zijn.' We moeten dapper, liefdevol en wijs genoeg zijn om onszelf en onze vrienden ertoe te bewegen het juiste te doen, om te blijven groeien en onze relaties te verdiepen, niet alleen met elkaar, maar ook met de Essentie die in ons beiden zit. Uiteindelijk moeten we de vriendschap misschien beëindigen als die ons geen steun biedt. Het beëindigen van een vriendschap is zelden eenvoudig, maar zoals met al onze relaties hoeven we alleen maar de best mogelijke vriend te zijn, liefde te sturen naar degenen die in ons leven zijn geweest en hen te zegenen op hun pad.

Voor veel mensen zijn huisdieren en andere dieren onze beste vrienden. Velen leren hun eerste lessen over onvoorwaardelijke liefde van hun huisdier, niet van het gezin of van vrienden. De liefde van huisdieren is onvoorwaardelijk en ongecompliceerd. Hierdoor leren we over de macht van de liefde, die ons direct verbindt met het hart van een ander, zelfs wanneer dat wezen vier poten heeft, een vacht, hoeven of schubben. Wanneer je een huisdier hebt, kun je de Essentie duidelijk voelen, omdat er maar heel weinig tussen jou en het dier in staat. En ik geloof dat onze huisdieren onze Essentie ook kunnen voelen, wat waarschijnlijk een van de redenen is waarom ze het met ons uithouden!

Net zoals het heel moeilijk is als we een dierbare verliezen, kan de dood van een huisdier heel zwaar voor ons zijn, of we nu kind of volwassen zijn. Ik kan echter met zekerheid zeggen dat onze geliefde dierenvrienden bij ons in de hemel zullen zijn.

Niet zo lang geleden deed ik een reading voor een gezin waarvan de moeder showhonden fokte. Toen ze was overleden, ging ik naar haar huis, waar ik onmiddellijk de geest van de moeder voelde. 'Ze is bij Moni, haar lievelingshond,' kon ik het gezin geruststellen. Ik wees naar een foto van de vrouw die werd omringd door haar bekroonde spaniëls. 'Ze zei tegen me dat die daar Moni is. Je moeder zorgt aan gene zijde nog steeds voor haar honden en ze is heel gelukkig.'

Wanneer je overgaat, weet je dat je waarschijnlijk je favoriete hond, kat, vogel of paard zult terugzien. Je lievelingsdier zal daar op je wachten en je liefdevol begroeten, klaar om je (eeuwige) leven op te fleuren.

De geschenken van intieme relaties

Er is maar één geluk in het leven: lief te hebben en te worden liefgehad.

GEORGE SAND

Een van de prettige ervaringen in het leven is een partner vinden met wie je liefde kunt delen. We voelen een energie die ons naar elkaar toe trekt en het is net alsof de hele wereld van binnenuit wordt verlicht. In een intieme relatie kunnen we ons nieuw, fris en on-ontdekt voelen, en tegelijkertijd kan het heel vertrouwd aanvoelen om deze persoon in ons leven te hebben. We zijn nu één, in plaats van twee. Zoals de dichter John Milton over intieme liefde zei: 'we zijn... één vlees; als ik u verloor, zou het zijn alsof ik mijzelf verloor.'

De wetenschapper Masaru Emoto omschrijft liefde als een soort resonantiefrequentie. Deze frequentie kan hoog of laag zijn, afhankelijk van de omstandigheden. Heb je ooit teruggekeken op een intieme relatie die je een paar jaar geleden had en je dan verbaasd over (of was je teleurgesteld in) de partnerkeuze die je had gemaakt? Misschien komt dat doordat je tegenwoordig op een hoger niveau resoneert en je nu partners aantrekt die dezelfde frequentie hebben. Wanneer we een intieme relatie aangaan, merken we dat onze 'liefdesfrequentie' afgestemd wordt op die van onze partner. Als een net meisje bijvoorbeeld uitgaat met een slechte jongen, dan heeft iets in elk van hen een weerklank gevonden in de ander. Het nette meisje kan bijvoorbeeld een essentiële goedheid in de slechte jongen hebben gevoeld, of iets in haar resoneert met zijn wilde, anarchistische energie. Als ze echter daadwerkelijk een relatie gaan opbouwen, dan moet de slechte jongen zijn wilde manieren veranderen of het nette meisje wordt slecht. In onze intieme relaties moeten we op dezelfde frequentie resoneren als onze partners. Het is net alsof er twee stemvorken naast elkaar worden gezet. De ene stemt zijn frequentie af op de toon die wordt geproduceerd wanneer de andere wordt aangeslagen, anders is er geen harmonie.

Het feit dat onze intieme relaties onze energie op een hoger of een lager niveau brengen, is de reden waarom we zorgvuldig onze partners moeten kiezen. En dat begint door wijs genoeg te zijn om onszelf goed te kennen voordat we intiem worden met een ander. Als we onszelf kennen, is de kans minder groot dat we voor iemands uiterlijk vallen of voor de dromen uit onze jeugd over de perfecte partner, en worden we waarschijnlijk eerder aangetrokken tot iemand die resoneert met onze diepste impulsen, onze ware aard. We hebben het eerder over de law of attraction gehad: dat onze energie en onze gedachten gebeurtenissen, mensen en dingen kunnen aantrekken. Als we onszelf goed kennen en begrijpen wat we van een levenspartner willen, dan kunnen we onze energie er beter op richten om zo iemand aan te trekken en diegene op te merken wanneer die verschijnt. Heb je wel eens iemand horen zeggen: 'Ik kende John of Jill al jaren, maar op een dag zag ik iets in hem of haar wat ik nooit eerder had gezien'? Of: 'Ik ben zo vaak in die boekwinkel geweest en Sam of Samantha was me nog nooit opgevallen, maar op een dag sprong er ineens een vonk over'? Soms beseffen we niet hoe bijzonder een relatie is, totdat we de energie tussen ons en die ander gaan onderzoeken. Door de nieuwe gevoelens en ervaringen die we samen creëren, groeit de relatie.

We moeten er echter op letten of onze energie door iets wordt geblokkeerd wat ons belemmert bij het vinden van een goede partner. Als we een slechte relatie gewoon beëindigen, kan het heel goed zijn dat we iemand anders aantrekken wiens innerlijke energie contact maakt met onze negatieve gevoelens over relaties. Onze energie met betrekking tot intieme relaties kan ook vervuild zijn als onze ouders problemen met elkaar hadden, of als we de liefde van een ouder hebben moeten missen. Vaak worden mensen op romantisch vlak aangetrokken tot de energie van een mishandelende ouder of de ouder van wie ze nooit liefde of goedkeuring hebben gekregen. Ze gaan een relatie aan met iemand die op deze ouder lijkt en proberen hem of haar dan te 'repareren'. Helaas blijven ze dit patroon herhalen, totdat ze inzien wat ze aan het doen zijn. Als we niet opletten, kunnen we de gewoonte ontwikkelen dat we partners kiezen die ongezond voor ons zijn. We moeten ons erop voorbereiden liefde aan te trekken, door barrières uit het verleden of het heden op te ruimen. Misschien moet je hiervoor in therapie, of misschien hoef je alleen maar een tijdje vrij te nemen zodat je weer in verbinding komt met je Essentie. Als we weten dat we uit liefde bestaan en steeds voor ogen houden dat liefde geen leed voortbrengt, maar leven, dan zullen we de relaties aantrekken waarnaar we verlangen.

Het kan echter noodzakelijk zijn om onze energie te beschermen wanneer we een intieme relatie willen opbouwen. Er zijn duistere energieën in de wereld die worden aangetrokken door het licht en die dat willen verzwakken. Soms kan een duistere energie zich voordoen als licht, of ze kan haar frequentie eventjes verhogen en ons aantrekken. Wanneer je een intieme relatie wilt aangaan, zorg er dan voor dat je erom vraagt alleen de hoogste energie van licht en liefde aan te trekken. Kijk ook verder dan het uiterlijk, naar het hart en de ziel van mogelijke partners. We hebben allemaal een beeld van onze ideale levenspartner in ons hoofd, maar misschien vinden we de perfecte partner wel in een heel andere vorm dan we hadden verwacht. Wees duidelijk over het gevoel dat je in de relatie met je partner wilt hebben, veranker dat liefdesgevoel in jouw ervaring van de Essentie en wees er dan alert op wanneer je dat gevoel hebt in gezelschap van iemand anders.

Liefde is onze Essentie en het is onze aard om die liefde te uiten. Maar als we liefde bij anderen zoeken omdat we ons zonder die liefde niet compleet voelen, zijn we gedoemd te falen. Geen enkel mens kan ons 'compleet' maken, want we zijn al compleet. De liefde in de kern van ons wezen is eindeloos en heeft geen andere persoon of ander voorwerp nodig. De woorden van de grote geliefde in de literatuur, Julia, omschrijven de liefde die de Essentie is heel goed: 'Mijn mildheid is zoo grensloos als de zee,/ Mijn liefde is peilloos; deel ik meer u mee,/ Te meer blijft me over; beide zijn oneindig.' Een relatie die erop is gebaseerd dat je iemand anders nodig hebt om je heel te voelen, creëert een ongezonde afhankelijkheid. Wanneer de ene incomplete partner een andere vindt, kan er een eeuwige strijd ontstaan over wiens behoeften het belangrijkste zijn. Wanneer een incomplete partner een complete partner vindt, zal de ongelijkwaardige relatie bij de een zorgen voor wrok en bij de ander voor vermoeidheid. Werkelijke intimiteit ontstaat alleen maar wanneer compleetheid samengaat met compleetheid, wanneer we de Essentie van iemand anders voelen en die ander onze Essentie voelt. Als je ooit over een levenspartner hebt gezegd: 'Het leek net alsof hij of zij in mijn ziel kon kijken,' of: 'Ik hou van hem of haar vanwege hoe hij of zij vanbinnen is,' dan heb je waarschijnlijk de Essentie van die ander gevoeld. We voelen dat we naar de echte persoon kijken, niet naar een masker, illusie of façade. We kijken in de ogen van zijn of haar ziel, zij of hij kijkt in die van ons. Wanneer beide partners zich zeker voelen van hun oneindige vermogen om lief te hebben, dan breidt de liefde zich uit en omvat hen allebei.

De waarheid over soulmates

Een soulmate is iemand die je ziel helpt groeien.

CHAR

We hebben geleerd om soulmates te zien zoals Kahlil Gibran ze heeft omschreven: 'Mijn andere, prachtige helft, die ik altijd heb gemist sinds we uit de gewijde hand van God zijn ontstaan.' We zien soulmates als het deel van ons dat we in al onze levens moeten zoeken en zonder wie we niet compleet zijn. Dat is een mooie definitie, maar die omvat het ware wonder van soulmates niet en ook de ware functie van soulmates wordt er niet door omschreven. Een soulmate incarneert om ons te helpen groeien. Onze soulmate kan inderdaad onze 'andere helft' op liefdesgebied zijn, maar hij of zij kan ook onze grootste antagonist zijn. We hebben onze soulmates in veel levens ontmoet, in veel verschillende vormen. De manier waarop onze soulmate incarneert, hangt af van de les die we in dit leven moeten leren.

Wanneer iemand voor een reading komt en vraagt: 'Zal ik mijn soumate ontmoeten?' word ik direct heel voorzichtig. Misschien is het voorbestemd dat we een bepaalde persoon ontmoeten en zelfs dat we met diegene een relatie krijgen, maar wat als het ons lot is om liefde in andere vormen te herkennen? Wat als onze soulmate ons kind, onze broer of een ouder van ons is? Wat als het de taak van onze soulmate is om ons een les over jaloezie, obsessie of de pijn van verlies te leren? Het kan gevaarlijk zijn om te wensen dat je je soulmate tegenkomt, omdat je nooit weet welke lessen die soulmate jou moet leren.

Als we naar een soulmate zoeken, kan dit ons er ook van weerhouden andere kansen op liefde te zien. Soms sluiten we ons af van de liefde die de Essentie ons biedt, omdat we naar onze ideale versie van de perfecte partner zoeken. Bedenk dat liefde zich in veel vormen voordoet en met veel verschillende snelheden groeit. Als je wacht totdat bliksemflitsen en engelenkoren je laten weten dat je soulmate is aangekomen, dan blijf je waarschijnlijk je hele leven tevergeefs wachten en zoeken. Zo af en toe is het voorbestemd dat we een 'bliksemflits'-explosie van wederzijdse liefde ervaren, maar in veel levens maken we rustig, in de loop der jaren, verbinding met onze soulmates, en misschien herkennen we hen pas als onze soulmates als we hen aan gene zijde weer ontmoeten. Ik geloof ook dat er meer dan één soulmate voor ieder van ons kan zijn, omdat onze ziel op verschillende momenten verschillende dingen nodig heeft. Je volgende (of huidige) partner kan wel of niet je soulmate zijn, maar hij of zij dient wel een universeel doel in je leven. Liefde heeft te veel te bieden om zich tot één bepaalde vorm, één verpakking of verwachting te beperken.

Relaties vormen onze fijnste ervaringen, ze zijn onze beste leraren en een van de belangrijkste manieren waarop ons karma zich uitspeelt. Hoewel ik geloof dat we in relaties een groot deel van ons eigen lot creëren, heb ik ook veel relaties gezien die wel voorbestemd leken. Misschien is degene die je op de middelbare school ontmoet en je beste vriend wordt in een vorig leven wel je echtgenoot geweest, of de baas die zo'n slavendrijver is, de bediende die je in je vorige leven heel slecht hebt behandeld. Als je ooit een sterke band met iemand hebt gevoeld zonder dat je daar een verklaring voor had, komt dat vaak doordat je lot en karma meespelen, en dan moeten jullie allebei beter in balans komen en geheeld worden voordat jullie kunnen groeien en verdergaan. Ook denk ik soms dat relaties ophouden te bestaan wanneer ons karma met diegene afgerond is. Een vriend van een vriend was twintig jaar getrouwd en werd toen onweerstaanbaar aangetrokken tot een andere vrouw. Hij hield nog steeds van zijn eigen vrouw, maar voelde zich gedwongen haar te verlaten voor zijn nieuwe vriendin. Hij zei tegen zijn vrouw: 'Ik weet dat het vreselijk is, maar volgens mij gebeurt dit omdat jij iets groots moet voltooien, en dat zou je nooit doen als we bij elkaar bleven.'

Hij had gelijk. Binnen twee jaar had die vrouw een bestseller geschreven en was ze een veelgevraagd lerares en cursusleidster geworden. Ze zijn allebei hertrouwd en heel gelukkig met hun nieuwe partner. Ze hadden hun karma met elkaar uitgewerkt en waren verdergegaan.

De plek waar we onze soulmates echt zullen herkennen, is de plek waar we oog in oog staan met hun ziel, en dat is aan gene zijde. Wanneer we overgaan, zullen we de rol die onze soulmates in dit en vorige levens hebben gespeeld duidelijk zien, en kunnen we volledig inzien welk geschenk ze voor ons zijn geweest. En we zullen dichter bij de Essentie komen die we delen met onze soulmates en de rest van onze vrienden en familie. Misschien zullen we zelfs inzien dat in werkelijkheid alle wezens die willen groeien in goedheid, wijsheid en liefde onze soulmates zijn.

Onze diepste aard delen met anderen

Mijn hart zal jouw toevluchtsoord zijn, en mijn armen jouw thuis.

TROUWBELOFTE

Het woord 'intiem' is de perfecte beschrijving voor het soort relatie waarin we onszelf helemaal delen. Maar we moeten wel bereid zijn ons best te blijven doen om de relatie fris en levend te houden. We moeten inzien dat relaties veranderen terwijl de partners groeien en zich ontwikkelen. Een intieme relatie van een jaar is anders dan de relatie van een stel dat zijn gouden bruiloft viert. Het is heel eenvoudig om je te laten meeslepen in het drama van alle veranderingen en te vergeten dat de liefde die we met onze partner delen een onveranderlijke kern heeft. We moeten steeds weer terugkeren naar die kern wil de relatie blijven bestaan. We moeten elkaar er voortdurend aan herinneren wie we zijn en wat we samen hebben: de Essentie van liefde die ons bij elkaar heeft gebracht.

Vaak zijn het kleine dingetjes die ons weer aan deze waarheid herinneren. Ik ken een stel dat elke dag liefdesbriefjes uitwisselt. Andere stellen zeggen 'Ik hou van je' voordat ze gaan slapen of gaan pas naar bed als ze een ruzie hebben uitgepraat. Een stel dat ik ken dat vaak voor zaken op reis moet, belt of sms't elkaar minstens een keer per dag, elke dag, ongeacht waar ter wereld ze zijn. Een andere manier om je relatie fris te houden, is door de ander te verdedigen en aan te moedigen. Het is een heerlijk gevoel als je weet dat er iemand aan jouw kant staat, iemand die je aanmoedigt als je iets belangrijks onderneemt. Gezamenlijke doelen in een relatie kunnen ons er ook aan herinneren dat we elkaars inspanningen moeten steunen. 'Het leven heeft ons geleerd dat liefde niet bestaat uit naar elkaar kijken, maar uit samen in dezelfde richting naar de buitenwereld te kijken,' schreef Antoine de Saint-Exupéry. Het kan een relatie ook sterker maken als je afzonderlijke interessegebieden hebt. Net zoals we een relatie moeten aangaan als compleet mens en niet als iemand die de ander nodig heeft om heel te zijn, kunnen afzonderlijke interessegebieden ervoor zorgen dat we voortdurend frisse ideeën en perspectieven krijgen, waardoor onze partner zich ontplooit en de relatie verrijkt wordt.

Onze intieme relaties zijn de bron van onze prettigste ervaringen en onze belangrijkste lessen. Onze partner kan ons dieper kwetsen dan wie dan ook. Pijn is een onvermijdelijk deel van elke relatie. 'Degene die van je houdt, maakt je ook aan het huilen,' luidt een Argentijns spreekwoord. Op aarde zijn we menselijke wezens met een goddelijke kern, maar met een beperkte waarneming. Of het nu de bedoeling is of niet, we zullen pijn veroorzaken bij onze partner en die zal ons op zijn of haar beurt ook kwetsen. In een relatie moeten we leren onze eigen beperkingen te aanvaarden evenals die van onze partners, en om ondanks dat van hen en onszelf te houden. Thomas Merton schreef: 'Ik kan God niet in mezelf zien en mezelf niet in Hem, tenzij ik de moed heb mezelf precies zo te zien als ik ben, met al mijn beperkingen, en anderen te aanvaarden zoals ze zijn, met al hun beperkingen.' Dit is waarschijnlijk een van de belangrijkste lessen die we in onze intieme relaties zullen leren, omdat het ons dichter tot God brengt.

Om eerlijk te zijn, is het echte probleem in een relatie vaak niet dat je pijn voelt, maar dat je je eraan vastklampt. Eckhart Tolle vertelt ons een prachtig verhaal over een eendenvijver. Als eenden in een vijver zwemmen, komt de ene eend soms te dicht in de buurt van de andere, en dan breekt er een gevecht uit. Ze klapperen met hun vleugels, slaan met hun bekken tegen elkaar en opeens is het voorbij. Ze zwemmen weer verder alsof er niets is gebeurd. Maar als eenden net zo waren als mensen, zou na het gevecht één eend in een hoekje gaan zitten broeden, terwijl de ander naar zijn vrienden zou zwemmen om het gevecht door te spreken, waardoor hij opnieuw boos en gekwetst zou worden. In onze intieme relaties moeten we meer op eenden lijken. We moeten natuurlijk opkomen voor wat we het waard vinden om voor te strijden, maar we moeten ook bereid zijn het restant van een strijd los te laten. We moeten onszelf en anderen vergeven. We moeten ons de ware Essentie van onze partner in gedachten brengen en doen wat nodig is om hem weer te waarderen.

Door de jaren heen kan onze band met een partner steeds sterker worden, terwijl we samen leren en groeien. Ware intimiteit wordt alleen dieper naarmate we meer weten van onze partner en meer van hem of haar houden, vooral wanneer we hem of haar de ruimte willen geven om te leren en te groeien en de ander hetzelfde doet. De liefde die we delen op ons tachtigste is niet dezelfde als op ons twintigste, maar net als de Essentie kan de kern van liefde levendig blijven, altijd nieuw en toch eeuwigdurend. Net als bij een rivier kan de oppervlakte van liefde er van moment tot moment anders uitzien, maar in de diepte, in de meest intieme verbindingen, is hij altijd en eeuwig hetzelfde.

Als liefde verandert: omgaan met verlies

Geen enkele liefde of vriendschap kan het pad van ons lot kruisen zonder voor altijd een indruk achter te laten.

FRANÇOIS MAURIAC

Liefde sterft nooit, zoals ik al vaak heb gezegd, maar liefde verandert wel van vorm. De voornaamste reden van ons bestaan op aarde is leren en groeien, en dit betekent dat wij en onze omstandigheden zullen veranderen. We hebben een andere relatie met onze ouders en broers en zussen als we nog een baby zijn dan als thuiswonende kinderen of als volwassenen met een eigen gezin. Naarmate we veranderen, kiezen we andere vrienden, misschien zelfs andere partners. Zelfs als we dezelfde vrienden of partners houden, ontwikkelen onze relaties zich in de loop der tijd, en soms betekent die ontwikkeling dat die relatie verandert of zelfs verloren gaat. Dit alles is de voorbereiding op de grootste transformatie van allemaal: onze overgang naar gene zijde.

Mensen vinden het soms moeilijk om toe te geven dat ze een bepaalde relatie aan het ontgroeien zijn of willen dat die verandert. Dat is een van de redenen waarom mensen in een gezin blijven wonen dat schadelijk voor hen is, in een liefdeloos huwelijk blijven zitten, of bevriend blijven met mensen met wie ze niets meer gemeen hebben. Maar soms eist het kiezen voor liefde dat we een oude liefde achterlaten. Het is nooit eenvoudig om toe te geven dat degene van wie we hebben gehouden niet meer aan onze behoeften voldoet. Het is nog moeilijker te beseffen dat we eerder verliefd zijn geworden op een beeld dan op de werkelijkheid, of dat iemand zo is veranderd dat de relatie geen van beide partijen meer goed doet. Het vereist eerlijkheid, moed en bovenal het soort liefde dat bereid is om de waarheid toe te geven en te doen wat het beste is voor iedereen om met veranderingen in relaties om te gaan.

Een verlies is nooit eenvoudig en bij het verlies van een relatie voelen we onvermijdelijk pijn en verdriet, ongeacht hoe die is beëindigd. Maar soms kan het verlies van een relatie een groot geschenk zijn. Het kan ons lessen in nederigheid en medeleven leren. De pijn en het verdriet die we aan het einde van een relatie voelen, kunnen ervoor zorgen dat we ons meer openstellen en kwetsbaarder zijn. Het verlies kan ons in contact brengen met onze emoties en met wat echt belangrijk is. Hoevelen van ons beschouwen de mensen in ons leven dag na dag, jaar na jaar als iets vanzelfsprekends en ontdekken pas hoeveel we van hen hielden als ze dood zijn? Als we een dierbare hebben verloren, stellen we onze relaties die er nog wel zijn des te meer op prijs. We moeten ons er echter door het verlies van een relatie niet van laten weerhouden om weer van iemand anders te houden. We mogen nooit vergeten dat relaties geschenken zijn van de Essentie, bedoeld om ons dingen te leren over geven en ontvangen, over onzelfzuchtigheid en heelheid, en bovenal over liefde.

Verdergaan na het einde van een relatie

Wanneer je een liefde hebt verloren, probeer de volgende methode dan eens om je te helpen over het verdriet heen te komen. Het is nuttig om je antwoorden op te schrijven. Maar neem er in elk geval de tijd voor om elke stap af te werken.

1. Erken wat er verloren is. Soms proberen we ons verdriet te verdoezelen en te doen alsof er niets aan de hand is. Zelfs als jij degene bent die is vertrokken, of als je uit een schadelijke relatie bent gestapt, moet je erkennen dat er iets is verdwenen. Sta het jezelf toe om te rouwen om wat er niet meer is, zelfs als dat alleen maar de dromen zijn die je had toen je aan de relatie begon.

2. Begrijp wat de lessen zijn. Hoe sneller we doorhebben wat de lessen zijn die we moesten leren, hoe gemakkelijker het is om verder te gaan. Wat heb je door deze relatie over jezelf geleerd? Over de liefde? Over wat je nodig hebt in een relatie? Over wat je niet pikt? Welke geschenken heeft deze relatie je gebracht?

3. Neem afscheid. Soms hebben we bij het beëindigen van een relatie alles gezegd wat gezegd moest worden, maar vaker blijft er veel onuitgesproken. Sluit je ogen en breng je het beeld van die andere persoon voor de geest. Stel je voor dat hij of zij tegenover je in een stoel zit en zeg wat je wilt zeggen. Als je uiting wilt geven aan je gekwetstheid, boosheid, irritatie, frustratie, verwarring of een ander negatief gevoel, doe dat dan volledig. Stel je voor dat die persoon gewoon zit te luisteren. Blijf praten totdat je alles hebt gezegd wat nodig was, en zie hoe die ander het volledig in zich opneemt. Deel nu met hem of haar de lessen die je hebt geleerd tijdens stap 2. Wat heeft hij of zij je geleerd? Waarin ben je gegroeid? Wat zal er in je toekomstige relaties anders zijn? Neem zodra je dit

allemaal hebt gezegd afscheid en zie het beeld van hem of haar opstaan en uit je leven verdwijnen.

4. Creëer de ruimte voor een nieuwe relatie. Maakt contact met de Essentie, de liefde in je kern. Voel die liefde bij je, op dit ogenblik en altijd. Weet dat die liefde tijdens je vorige relatie altijd bij je is geweest en in je nieuwe relatie ook altijd bij je zal zijn. Vraag de Essentie om energieblokkades weg te halen die zouden kunnen verhinderen dat je iemand anders aantrekt. Doe dan je ogen open en schrijf op wat je van een nieuwe relatie wilt. Zorg ervoor dat je op die lijst niet alleen vermeldt wat voor eigenschappen die ander van jou moet hebben, maar ook welke die niet moet hebben. Even belangrijk: schrijf op wat jij in deze nieuwe relatie wilt geven. Kijk dan, met schone energie en gericht op dit onderwerp, toe naar wat de Essentie in je leven brengt.

Relaties zijn niet alleen een pad naar innerlijke groei, maar ook naar liefde. We moeten niet al te verdrietig zijn als een relatie tot een einde komt. In plaats daarvan moeten we het feit koesteren dat die persoon ons leven heeft gedeeld, al was het maar kort, en ons de kans heeft gegeven om onze Essentie met hem te delen. We moeten elk vertrek zien als oefening voor de allergrootste transformatie: de overgang van onze geest van de aarde naar de eeuwigheid.

Het is de liefde, niet de rede, die sterker is dan de dood.
THOMAS MANN

Heb je als kind ooit een 'telefoon' gemaakt van twee blikjes en een touwtje? Door een gaatje in de bodem verbind je de blikjes met een koordje met elkaar, als een ouderwetse telefoon. Als je het touwtje strak trekt en in het ene blikje praat terwijl iemand anders het andere blikje tegen zijn oor houdt, dan kan diegene horen wat je zegt. Het geluid gaat door het touwtje tussen de blikjes heen. Liefde is net als dat touwtje. Het is net alsof er een gouden draadje loopt tussen de Essentie in ons en de Essentie in de persoon van wie we houden. Het draadje is onzichtbaar en kan worden uitgetrokken totdat het bijna knapt, maar zolang we om die ander geven, gebeurt dat niet. Liefde is de koppeling tussen ons en degenen van wie we houden en verdwijnt niet na de dood. Zoals ik steeds weer zeg: liefde is onze sterkste verbinding met degenen aan gene zijde. Wanneer we vol liefde aan een overleden partner, echtgenoot, kind, ouder of vriend denken, dan brengt de liefde die gedachten voorbij elke barrière, zelfs die van de dood.

Een van de fijnste readings die ik in lange tijd heb gedaan, was voor Cindy en haar verloofde Peter. Cindy wilde weten of haar vader, die een paar jaar eerder was overleden, Peter goedkeurde. Het eerste wat haar vader me doorgaf was de naam Jonah.

'Dat is mijn zoon,' zei Peter. 'Hij zal Cindy naar het altaar begeleiden als we gaan trouwen.'

'Normaal gesproken begeleidt de vader de bruid naar het altaar, maar nu doet Jonah het,' zei ik tegen hen. 'Je vader zegt dat hij daar blij om is, en dat hij op jullie bruiloft aanwezig zal zijn. Nu huilt hij, hij zegt dat jij altijd zijn kleine meisje zal zijn, Cindy. Hij geeft je een bloem, één enkele bloem. Zit er een bijzondere bloem in je boeket?'

Peter keek me aan. 'Ik heb Cindy's boeket uitgezocht en er zit één andere bloem in. Het is een verrassing. Hoe wist je dat?'

Ik glimlachte. 'Cindy's vader zegt dat die bijzondere bloem van hem komt. Hij is dol op je, Peter.' Dat was een van de fijnste dingen die een vader zijn familie op aarde kon meegeven.

We bestaan uit liefde, worden geboren uit liefde, leven in liefde en dragen liefde met ons mee als we overgaan. Liefde is echt het enige wat we met ons meenemen. Liefde sterft nooit en de liefde die we met anderen op aarde delen, blijft tot in de eeuwigheid bestaan. Het kan moeilijk zijn om dat in gedachten te houden wanneer we een dierbare verliezen. De dood kan het beste en slechtste in ons naar boven brengen, het kan zijn dat we ons de liefde voor de overledene vol pijn herinneren, omdat hij niet meer in fysieke vorm hier is. De dood kan ons ook aan onze eigen sterfelijkheid herinneren en angst oproepen, waardoor het moeilijker kan worden om liefde te voelen.

Het is belangrijk dat we inzien dat de dood een feit en de realiteit is. Onze dierbaren zijn er na de dood niet meer in fysieke vorm, we zullen hun aanraking en liefdevolle aanwezigheid missen. Wat we echter werkelijk liefhebben in onze dierbaren zal nooit sterven. Op het ogenblik van zijn fysieke dood gaat de Essentie van een persoon over van deze wereld naar de volgende, waarin ze van vorm verandert, maar niet van aard. Liefde verbindt Essentie met Essentie, en Essentie is eeuwigdurend. Wat we liefhebben is niet alleen het tijdelijke omhulsel van iemand, of de samensmelting van ervaringen waaruit een leven bestaat, of de karaktertrekken waardoor we diegene zo aardig vonden. Wanneer we iemand liefhebben, houden we van zijn ziel. Wie we zijn in onze kern maakt verbinding met de kern van iemand anders, het deel van hem dat eeuwig is.

Wanneer je liefhebt, moet je niet zeggen: 'God is in mijn hart,'
maar eerder: 'Ik ben in het hart van God.'
KAHLIL GIBRAN

Het uiteindelijke doel van elke aardse relatie is onze diepgaandste relatie weer te geven en ons aan die relatie te herinneren: onze relatie met de Essentie.

'Zo boven, zo beneden,' schreef iemand.

'Hou van de hemelse Vader zoals ik van u heb gehouden,' zei Jezus.

'God is liefde, liefde is God, van jou wordt gehouden, wij houden van jou,' schreef mijn vader in mijn gebedenboek.

Als we onze liefde niet meer in de buitenwereld op iemand kunnen richten, brengt ons dit dichter bij de enige innerlijke bron van liefde die onveranderlijk is: de God in ons hart die ons steeds weer wijst op de onsterfelijke, eeuwige gelukzaligheid van de liefde. Dat is de echte reden voor het bestaan van relaties en de reden waarom ze zo gelukzalig kunnen zijn. Daarom zijn relaties onze grootste rijkdom, zowel hier als in de hemel.

9

De Essentie van verandering

Verandering is een wetmatigheid van het leven.

JOHN F. KENNEDY

Een soefimeester vertelde ooit het verhaal van een vogel die midden in de woestijn in de takken van een dode boom leefde. De vogel overleefde door de paar vliegen op te eten die hij in de buurt van zijn onderkomen vond. Op een dag waaide er een zandstorm door de woestijn, waardoor de boom werd omgeblazen en de vogel ergens anders onderdak moest zoeken. Hij vloog dagenlang, met alleen het hete woestijnzand onder zich. Uiteindelijk zag hij een donker plekje aan de horizon. Met zijn laatste krachten vloog de vogel de resterende kilometers en toen kon hij uitrusten in een prachtig bosje bomen overladen met fruit. Zonder de zandstorm en het verlies van zijn eerdere thuis had de vogel nooit de overvloed gevonden waarin hij nu kon wonen.

Soms kan een verandering aanvoelen als een zandstorm, die zonder waarschuwing over de woestijn raast en ons verdrijft van de zekerheid van wat we altijd hebben gekend. Maar of een verandering zich nu geleidelijk voltrekt, zoals bij de groei van een kind, of plotseling, zoals bij een zandstorm, ze is de enige zekerheid in het leven. Bijna 2500 jaar geleden schreef de filosoof Heraclitus:

'Men kan niet tweemaal in dezelfde rivier stappen, want steeds zal er ander water stromen.' Verandering zit in het DNA van het universum. Wetenschappers vertellen ons dat de materie en energie waaruit alles is opgebouwd in een voortdurende staat van verandering verkeren. De cellen en organen van ons lichaam ontstaan en sterven af in een voortdurende cyclus van vernietiging en vernieuwing. Gezien al deze feiten is het duidelijk dat, hoewel de aard van de Essentie eeuwig en onveranderlijk is, deze ook voortdurende verandering en groei in zich heeft. Zoals Krisjna (een incarnatie van de Essentie) zegt in de *Bhagavad Gita*: 'Ik ben de oorsprong en het verval, de ontvanger, de opslagplaats, en het eeuwige zaad. Ik breng en weerhoud de regen; Ik ben de dood en de onsterfelijkheid; Ik ben de ongeziene oorzaak en het zichtbare effect.'

Alles verandert, niets wordt vernietigd. De werkelijkheid is even veranderlijk als de golven in de zee en even eeuwig als de zee zelf.

Verandering biedt ons kansen en uitdagingen. De veranderingen die we willen, waarvan we denken dat ze een positieve invloed hebben, kunnen opwindend zijn en ons het gevoel geven dat we ons leven uitbreiden. Weet je nog hoe het was om voor het eerst naar school te gaan, of een nieuwe relatie of nieuwe baan te beginnen, te verhuizen of naar een andere stad of ander land te gaan? Deze positieve veranderingen brengen frisheid en vernieuwing in ons leven. Onder veel andere omstandigheden doet een verandering pijn. Als je een vriend verliest, een baan, een dierbare, als je wordt afgewezen voor een promotie, als je een fysieke beperking hebt waardoor je wordt belemmerd te bereiken wat je wilt. Het kan moeilijk zijn om te onthouden dat de energie van de Essentie fundamenteel onveranderlijk is wanneer we moeilijke of pijnlijke veranderingen in ons leven doormaken. Maar het valt ook onder de lessen van de Essentie dat we onze relatie met verandering in het meest constructieve licht bezien.

Volgens mij moeten we een paar dingen over verandering in het oog houden, zodat we die in ons voordeel kunnen laten werken.

Ten eerste is verandering een vereiste voor groei. Heb je ooit een vlinder zien worstelen om uit zijn cocon te komen? Dat is zwaar werk. De vlinder moet zich een weg naar buiten banen en dat kan lang duren. Maar dat heeft de vlinder ook nodig, om sterk genoeg te worden om te overleven. Op een keer zag een vriendelijke man een vlinder die nog half in zijn cocon zat en hij blies heel voorzichtig op de cocon, om met zijn warme adem het proces te versnellen. Tot zijn verbijstering kwam er uiteindelijk een vlinder tevoorschijn met onvolgroeide vleugels. Soms moeten we ons met grote moeite door een verandering worstelen om ons volledig te kunnen ontwikkelen. We kunnen het proces niet versnellen, we kunnen alleen blijven proberen te veranderen van wat we waren in wat we willen worden.

Ten tweede: de verandering die in ons leven komt, leert ons waardevolle lessen. De belangrijkste richtlijn van ons bestaan is leren en groeien, en daarvoor moeten we veranderen. Soms zetten we de veranderingen zelf in werking, op andere ogenblikken komt de verandering naar ons toe en worden we gedwongen nieuwe paden en andere richtingen te kiezen. Elke verandering brengt de keus met zich mee om verder over het pad naar de Essentie te gaan, het pad van leren en groei, of in de tegenovergestelde richting, weg van de Essentie, wat stagnatie, slechtere prestaties en minder gezag oplevert. Een van de belangrijkste lessen is leren wat je moet kiezen om naar een hoger niveau te evolueren.

Het belangrijkste is dit: om op elk ogenblik in staat te zijn op te offeren wat we zijn voor wat we zouden kunnen worden.

CHARLES DU BOS

> ### Welke veranderingen heb je al doorgemaakt?
>
> *Denk eens aan de momenten waarop je een beslissing moest ne-
> men om iets belangrijks te veranderen: een baan, een relatie,
> een overtuiging. Heb je ervoor gekozen om te veranderen of om
> te blijven waar je was? Wat voor resultaten leverde die beslissing
> op? Had je het gevoel dat je jezelf ontwikkelde, terwijl je leerde
> en groeide? Of maakte de beslissing je kleiner, minder capabel,
> banger, minder open voor groei?*
>
> *We hoeven niet elke mogelijkheid aan te grijpen om te
> veranderen waar we mee bezig zijn, maar als we willen leren en
> groeien, moeten we altijd onze kansen op verandering evalu-
> eren door er door de ogen van de Essentie naar te kijken, en niet
> door de ogen van onze angst en willoosheid. Wanneer je gecon-
> fronteerd wordt met een verandering, stel jezelf dan de vraag:
> 'Wat zou de Essentie van me willen? Zal deze verandering me
> helpen dingen te leren en dichter bij mijn eigen aard te komen?'
> Neem dan moedig je beslissing, in de wetenschap dat de Essen-
> tie voortdurend bij je is.*

Het derde feit is dat elke verandering het potentieel heeft om rimpelingen te veroorzaken die zich uitstrekken tot ver buiten onszelf
en dit leven. Onze keuzes kunnen ons lot hier op aarde veranderen
en tegelijkertijd karma creëren dat ons volgende leven beïnvloedt.
De rimpelingen die worden veroorzaakt door de veranderingen
die we maken, strekken zich ook uit tot buiten ons eigen leven en
tot in het leven van anderen. Denk eens aan grote leiders als Jezus,
Boeddha, Mohammed en hedendaagse mensen als Nelson Mandela en Moeder Teresa. Ieder van hen begon aan het leven als een
persoon met een idee, een visie, goddelijke inspiratie of een missie.
Hierdoor werden anderen geïnspireerd om hun ideeën en daden te
veranderen en zo in overeenstemming te komen met een nieuwe

manier van doen. Uiteindelijk heeft de verandering die ze hebben bewerkstelligd een kritische massa bereikt en heeft deze zich tot ver buiten de oorspronkelijke bron van hun visie, idee of missie verspreid. Hun ideeën en handelingen hebben de wereld om hen heen veranderd en tot op de dag van vandaag inspireren ze ons nog door hun voorbeeld. Wanneer we veranderen, groeien en evolueren, leveren we een bijdrage aan een betere wereld.

Het vierde en belangrijkste feit is dat de Essentie ons bij elke stap steunt, telkens wanneer we voor een verandering staan. Omdat verandering vaak inhoudt dat we het bekende moeten achterlaten en iets nieuws en vreemds moeten beginnen, kunnen we ons daardoor eenzaam en angstig voelen. Zelfs wanneer het een positieve verandering is – je krijgt een baby, verhuist naar een andere stad, gaat naar een nieuwe klas – kun je wel een ondersteunende 'vriend' gebruiken. Gelukkig is onze vriend, de Essentie, altijd bij ons. De liefde van de Essentie is onveranderlijk en we kunnen vertrouwen op haar goedheid en wijsheid. We moeten ons openstellen voor de aanwezigheid van de Essentie en vragen om begeleiding bij de keuzes en veranderingen in ons leven.

De Essentie kan ons ook helpen omgaan met de twee grootste vijanden van verandering: angst en besluiteloosheid. Wanneer we worden geconfronteerd met verandering is het heel natuurlijk om een beetje bang te zijn, zeker als we ons hierdoor op onbekend terrein gaan begeven: besluiten om voor de eerste keer te trouwen, of een eerste kind te krijgen, een baan op te zeggen en een andere te aanvaarden, weer naar school te gaan, of de eerste van je familie zijn die naar de universiteit gaat, en ga zo maar door. Als we inzien dat angst een natuurlijke reactie op verandering is, dan hebben we een grotere kans om onze angst onder controle te houden en te veranderen in plaats van ons te laten beheersen door onze angst en te blijven zoals we zijn.

De ergste vijand van verandering is echter niet angst, maar besluiteloosheid. De eerste wet van Newton leert ons dat voorwerpen die in beweging zijn, in beweging blijven, en voorwerpen die in rust verkeren, in rust blijven. Het kost veel meer moeite om een voorwerp dat in rust verkeert in beweging te brengen dan om het in beweging te houden. Wij zijn precies hetzelfde: het is veel moeilijker om de eerste stap in de richting van verandering te zetten dan alle daaropvolgende stappen zijn. Het is veel makkelijker om in onze routine te blijven, om niet zoveel op het spel te zetten en om kansen voorbij te laten gaan terwijl we blijven zitten waar we zitten. Maar dat gaat in tegen alles wat de Essentie voor ons wil. We moeten sterk en dapper genoeg zijn om tegen de besluiteloosheid en angst in te gaan en voor verandering te kiezen. Wanneer we dat doen, leven we zoals de Essentie dat wil.

Verandering vanuit het perspectief van de eeuwigheid

Wat de leerling een tragedie noemt, noemt de meester een vlinder.

RICHARD BACH

Het komt maar al te vaak voor dat we de gebeurtenissen in ons leven voorbarig beoordelen, en we besluiten vrijwel direct of iets 'goed' of 'slecht' is. Maar maanden of jaren later begrijpen we dat iets wat we vreselijk vonden ons leven heeft verbeterd, en gebeurtenissen die we prettig vonden meer problemen hebben veroorzaakt dan we hadden kunnen bedenken. Je wordt afgewezen voor een baan of promotie en daardoor begin je een bedrijf dat je levenswerk wordt. Je krijgt op medisch gebied een schok, waardoor je met roken stopt en jaren langer leeft. Een van je kinderen wordt aangehouden wegens rijden onder invloed of het gebruiken van drugs, en door die ervaring verandert hij of zij volledig. Het omgekeerde komt ook voor: je trouwt met de man of vrouw van je dromen, maar binnen een paar jaar stap je uit die relatie en zweer je relaties voor de rest van je leven af omdat je zoveel hebt geleden. Of door de droombaan die je hebt gekregen moet je zo hard werken dat je gezondheid en relaties eronder lijden. Of het prachtige huis dat je hebt gekocht, kost je handenvol geld aan onderhoud. Het is dom om iets op korte termijn te beoordelen als goed of slecht, want de krachten van je karma en het lot spelen altijd mee, en we weten niet wat de uiteindelijke uitkomst van onze keuzes is.

Er is een verhaal over een boer die bij een dorpje woonde. Op een dag rende het enige paard van de boer weg. Zijn buren zeiden: 'Wat vreselijk. Wat een pech!' Waarop de boer antwoordde: 'Misschien.'

De volgende ochtend kwam het paard terug met drie andere, wilde paarden. Nu had de boer vier paarden in plaats van één!

'Wat een geluk,' zeiden de buren jaloers tegen de boer.

'Misschien,' zei de boer schouderophalend.

Later die dag probeerde de enige zoon van de boer een van de wilde paarden te berijden. Hij werd eraf geworpen en brak zijn been. De zoon was de rechterhand van de boer en hij zou wekenlang niet kunnen werken.

De buren betuigden hun medeleven: 'Wat ga je nu doen? Je raakt je boerderij kwijt.'

'Misschien,' zei de boer weer.

De week erna werd de oorlog uitgeroepen en de soldaten doorzochten het dorp en namen elke man die kon vechten mee. Toen ze bij de boerderij kwamen, zagen ze dat de jongeman zijn been had gebroken, dus lieten ze hem achter.

Terwijl de buren toekeken hoe hun zoons wegmarcheerden, om de strijd in te gaan die ze misschien niet zouden overleven, riepen ze tegen de boer: 'Jij hebt het meest geluk van ons allemaal!'

'Misschien,' zei de boer meelevend en hij draaide zich om en ging zijn huis weer in.

Joseph Addison schreef: 'Echte zegeningen doen zich vaak aan ons voor in de vorm pijn, verlies en teleurstelling; maar we moeten geduld hebben en dan zullen we ze spoedig in het juiste perspectief zien.' Een van de eeuwigdurende lessen van verandering is leren ons evenwicht te vinden, ongeacht wat er op ons pad komt, en om waar mogelijk naar het goede te zoeken, zelfs wanneer dat heel moeilijk is.

Ik heb ooit een reading gedaan voor een stel van wie de geliefde dochter was omgekomen bij een auto-ongeluk. Ze vertelden me dat ze de nieren van hun dochter hadden gedoneerd aan twee mensen die zes tot acht jaar op een transplantatie hadden gewacht.

'Ze is heel gelukkig in de hemel dat ze twee levens heeft kunnen redden, en ze wil dat ik jullie bedank dat jullie dat voor haar hebben gedaan. Het doet haar heel veel dat jullie zoiets goeds uit haar overlijden hebben gehaald,' zei ik tegen hen.

De veranderingen in ons leven kunnen fijn of pijnlijk zijn, maar ik geloof dat als we ernaar zoeken, er vanuit het oogpunt van de Essentie altijd voordeel uit gehaald kan worden. Zelfs wanneer iemand een kind verliest, of zich afschuwelijke gebeurtenissen voordoen als natuurrampen of terroristische bomaanslagen, wil de Essentie dat we doen wat we kunnen om zelfs uit de naarste omstandigheden iets goeds te creëren. Met de steun en begeleiding van de Essentie kunnen we de zegening in onze moeilijkheden vinden. Als we proberen iets goeds uit het kwaad te creëren, volgen we het pad van de Essentie, het pad van licht dat ons en anderen op een hoger niveau brengt.

De begeleiding van de Essentie in tijden van verandering

Het vermogen tot hervorming en verandering ligt in ons.
PRESTON BRADLEY

In ogenblikken waarin we een keuze kunnen maken om te veranderen, kan onze intuïtie een belangrijke rol spelen. Bedenk dat de intuïtie een directe verbinding met de Essentie is. De Essentie kan onze intuïtie gebruiken om ons toe te spreken zonder dat we iets hebben gevraagd, of we kunnen een beroep doen op onze intuïtie en de Essentie vragen wat we het beste kunnen doen. Onze intuïtie kan ons ook in contact brengen met de stromen van het lot die door het universum gaan, zodat we kunnen voelen of we deze verandering moeten maken.

'We hebben allemaal een stem vanbinnen die ons wil toespreken als we hem dat toestaan. Soms is die makkelijk te horen, soms moeten we het volume van afleidende geluiden om ons heen zachter zetten zodat we ernaar kunnen luisteren. Die stem vertelt ons of we op het juiste spoor zitten,' schreef acteur Christopher Reeve.

In hoofdstuk 3 heb je een manier geleerd om door middel van je intuïtie verbinding te maken met de Essentie en je hebt ook geleerd hoe belangrijk het is om je gezonde verstand en de logica te gebruiken wanneer je belangrijke beslissingen moet nemen of veranderingen het hoofd moet bieden. Wanneer je in je leven wordt geconfronteerd met een verandering, of die nu klein of groot is, probeer dan eens het volgende.

Ten eerste: adem een keer diep in. Wanneer we zien dat een situatie een verandering behoeft, is onze eerste impuls een reactie, geen antwoord. We belanden automatisch in een emotionele toestand waarin veel van de kanalen van wijsheid die beschikbaar zijn voor ons dichtgaan. Vreugde over veranderingen die we graag willen, bedroefdheid over veranderingen die we niet willen, en opwinding en verwachting, of onzekerheid en angst over verandering in het algemeen zijn emoties die ons bewustzijn van het 'stille, kleine stemmetje' dat de Essentie gebruikt om ons te begeleiden, kunnen blokkeren.

Reacties op basis van instinct en intuïtie kunnen in noodgevallen natuurlijk heel waardevol zijn. Maar hoe zit het met de veranderingen en keuzes waarbij een weloverwogener antwoord beter zou zijn? Stel dat je partner op een dag binnenkomt en zegt dat hij/zij vertrekt, of je hebt enorme ruzie en jij bent degene die impulsief zegt: 'Ik wil scheiden.' Soms is het heel moeilijk om het volgende te doen wanneer we geconfronteerd worden met een verandering: rustig worden en je concentreren, maar toch is dat vaak de belangrijkste eerste stap. Haal eerst eens diep adem en ontspan je, tenzij je je in een situatie op leven en dood bevindt waarin je onmiddellijk een beslissing moet nemen. Je kunt beter het hoofd bieden aan verandering wanneer je alle hulpmiddelen kunt gebruiken. Het wordt dan waarschijnlijk ook gemakkelijker om naar het subtiele stemmetje van de intuïtie te luisteren, dat vaak alleen maar tegen ons spreekt wanneer onze geest en emoties rustig zijn.

Ten tweede: vraag om begeleiding van de Essentie. Wanneer je een ingewikkelde of moeilijke keuze of verandering moet maken, kun je hulp krijgen door je tot de ultieme bron van goedheid, wijsheid en liefde te richten en om begeleiding te vragen. Stel dat je bent ontslagen en je besluit weer naar school te gaan, maar je maakt je zorgen over je levensonderhoud totdat je je diploma hebt. Vervolgens word je gebeld door een concurrerend bedrijf dat je een baan aanbiedt waarvoor je naar de andere kant van het land moet verhuizen, weg van je vrienden en familie. Hierdoor moet je een paar moeilijke beslissingen nemen: school of werk? Blijven of weggaan? Haal diep adem, laat je emoties bedaren en vraag dan aan de Essentie om raad bij het maken van je keuze. Wees ervan overtuigd dat de Essentie het beste met je voorheeft en dat wat je kiest uiteindelijk voor je eigen bestwil is.

Ten derde: schakel de logica, je gezonde verstand en je intuïtie in. Zodra je gedachten en emoties tot rust zijn gekomen en je om raad hebt gevraagd, kan er een overweldigend gevoel van 'weten' in je opkomen en kan duidelijk worden wat het antwoord is. Bijvoorbeeld: je denkt na over die nieuwe baan, maar het voelt niet goed aan. De gedachte komt in je op: ik kan niet zo ver weg van mijn familie zijn, niet nu. Dit lijkt vreemd, omdat iedereen in je familie gezond is, maar misschien krijgt je vader twee maanden later wel een hartaanval en moet je daardoor veel tijd met hem doorbrengen. Aan de andere kant kun je, als je eraan denkt dat je weer naar school gaat, enthousiast worden en het gevoel krijgen dat je je ontwikkelt. Nadat je je eerste intuïtieve impuls hebt gevoeld, beoordeel dan de verandering aan de hand van logica en gezond verstand. Welke voordelen heeft die nieuwe baan of het teruggaan naar school? Wat moet je allemaal doen als je die baan aanneemt? Hoe onderhoud je jezelf als je teruggaat naar school? Welk effect heeft je beslissing op je vrienden en familie? Wat voor invloed hebben beide keuzes op je leven, zowel op de korte als de lange termijn? De Essentie spreekt niet alleen tot ons via onze intuïtie, maar ook via ons vermogen om te redeneren en te evalueren.

Ten vierde: slaap een nachtje over je keuze, als dat kan. Laat de input van je intuïtie, de Essentie, logica en je gezonde verstand een nachtje 'sudderen'. Stel je voor welk gevoel je zou hebben als je die baan zou aannemen, hoe je leven eruit zou zien, hoe de verandering je toekomst zou vormgeven. Stel je daarna voor dat je teruggaat naar school. Welke veranderingen zou dat de komende jaren geven? Wanneer je de tijd neemt om allerlei verschillende soorten wijsheid in je onderbewuste toe te laten en je daarna de macht van je voorstellingsvermogen gebruikt om je de gevolgen van de verandering in je leven voor te stellen, kun je een keuze maken waar je je prettig bij voelt. Je kunt ook overleggen met vrienden, familieleden, collega's die je vertrouwt. Soms spreekt de Essentie het duidelijkst via mensen die we kennen, die ons een ander perspectief op onze keuze geven, zonder de emotionele bagage die onze innerlijke stem kan dempen, of die ons kunnen helpen de informatie die we intuïtief ontvangen te interpreteren. Uiteindelijk is het echter jouw keuze, dus beoordeel alle input die je krijgt zorgvuldig.

Ten vijfde: kies de verandering die het beste aanvoelt en vertrouw erop dat de Essentie dat voor je wil. Je moet ervan overtuigd zijn dat je de best mogelijke keuze maakt en dat je alle obstakels of problemen die op je weg komen aan zult kunnen. Hoewel het heel natuurlijk is om nu en dan te denken aan de weg die je niet hebt genomen, is er niets ergers dan iets kiezen en vervolgens gaan twijfelen. Blijf voeling houden met je intuïtie en probeer er altijd achter te komen op welke manier de Essentie je begeleidt, maar vertrouw erop dat de door jou gekozen verandering deel uitmaakt van het universele plan waardoor je leert en groeit.

Hoe meer je wordt voortgedreven door je intuïtie, of door het vertrouwen op de kracht van de ziel, hoe groter, verder, dieper, breder, constructiever het resultaat is.

EDGAR CAYCE

Het is zelden eenvoudig om veranderingen door te voeren en het ene goede boven het andere te verkiezen (of voor de minst erge van twee kwaden te kiezen). Als we willen samenwerken met de Essentie om veranderingen in ons leven door te voeren, moeten we de volgende vier eigenschappen aanspreken:

1. *Moed.* Zoals toneelschrijver Tennessee Williams het beschrijft: 'Er is een tijd om te vertrekken, zelfs als je nog geen bestemming hebt.' Het vergt moed om je leven niet alleen op basis van je eigen verlangens of de korte termijn vorm te geven, maar om het grote-

re plan te ontdekken en om actie te ondernemen op basis van vertrouwen in jezelf en de leidende hand van de Essentie. We moeten de moed hebben om het bekende achter ons te laten en het onbekende te betreden.

2. *Zelfvertrouwen.* Je moet vertrouwen hebben in je keuze en, nog belangrijker, in je vermogen dat je alles wat zich voordoet als gevolg van je keuze aankunt. Je moet er ook op vertrouwen dat de Essentie alleen jouw beste belang voor ogen heeft. '…dit toont ons, Dat hooger wijsheid vaak verkneedt en vormt, Wat wij slechts ruw ontwerpen,' schreef Shakespeare. Je bent nooit alleen wanneer je ervoor kiest een verandering door te voeren, de Essentie is er altijd om voor je te zorgen, wat de uitkomst ook is.

3. *Doorzettingsvermogen.* Moed en zelfvertrouwen zorgen ervoor dat je begint, maar doorzettingsvermogen helpt je door de zwaarste tijden heen. Als je een verandering wilt doorvoeren, moet je je nieuwe pad steeds opnieuw kiezen. Je kunt ervoor kiezen om te gaan sporten, maar om er daadwerkelijk iets van te merken, moet je dat regelmatig doen. 'Grote werken komen niet door kracht tot stand, maar door volharding,' schreef Samuel Johnson. Voor het grote werk van verandering is nodig dat je doorzet wat je bent begonnen.

4. *Overwinnen.* Om te leren en te groeien moet je de innerlijke en uiterlijke obstakels die je vooruitgang willen belemmeren overwinnen. Je moet de neiging overwinnen om achterom te kijken en te zeggen: 'Had ik maar…' of op te geven wanneer het moeilijk wordt. Je moet ook de onbuigzaamheid in jezelf overwinnen. Een van je grootste lessen kan wel eens soepelheid zijn, om je benadering te veranderen of zelfs om toe te geven dat jouw keuze niet goed heeft uitgepakt. Blijf aandachtig luisteren naar de stem van de Essentie, volg haar advies op, evenals de raad van je gezonde verstand en de logica, dan eindig je je leven zegevierend.

Omgaan met onverwachte moeilijkheden

God heeft altijd nóg een taart achter de hand.

LYNN REDGRAVE

Soms krijgen we de kans ons voor te bereiden op een verandering. We studeren af en krijgen onze eerste baan. We gaan samenwonen met onze vriend of vriendin en/of we gaan trouwen. We krijgen een kind, of ons laatste kind gaat uit huis. We gaan weg bij een bedrijf, of gaan zelfs helemaal met pensioen. We kunnen vol vertrouwen een deur sluiten, omdat we duidelijk weten welke deur we daarna zullen openen. Maar hoe zit het met de dingen die volkomen onverwacht gebeuren? Een ongeluk op de rit naar school of het werk. Je wordt ontslagen. Het kind dat aankondigt dat hij of zij homoseksueel is. De plotselinge promotie, verandering van baan of overplaatsing naar een andere stad. Een onverwachte zwangerschap of een miskraam. Geld verliezen door een belegging die je heel veilig vond. Een dokter die zegt: 'Uw been is gebroken,' tegen een competitief ingestelde sporter, of: 'Uw kind is autistisch,' tegen een ouder, of: 'U hebt kanker,' tegen wie dan ook. In het leven maken we gegarandeerd onverwachte veranderingen door die onze kracht en wil op de proef stellen. In sommige gevallen moeten we hierdoor veranderen, in andere moeten we iets beter ons best doen. In alle gevallen kunnen veranderingen ons dichter bij de kracht van de Essentie brengen die we allemaal in ons hebben. Soms denk ik dat de zielen die het meest gevorderd zijn, worden gevraagd om terug te komen en de grootste moeilijkheden onder ogen te zien. Het is net alsof er Olympische Spelen zijn van levenstoetsen en de Essentie alleen de beste spelers inzet, die de meeste kracht en vaardigheid hebben. Wanneer mensen vreselijke dingen meemaken, beseffen ze plotseling wat echt belangrijk is en wie ze echt zijn, en ontdekken ze hun doel op aarde. 'Bid niet voor een gemakkelijker leven. Bid om een sterker mens te zijn,' zei John F. Kennedy. De moeilijkheden die we meemaken kunnen ons hechter met de Essentie verbinden dan gemakkelijkere levens zouden doen.

Je moet ook in gedachten blijven houden dat onze problemen misschien alleen maar wegversperringen zijn, die ons het signaal geven dat we het rustiger aan moeten doen en misschien een andere weg moeten nemen. Stel dat je naar een bepaalde school wilt, of een bepaalde baan wilt hebben. Je doet alles wat in je vermogen ligt om je doel te bereiken, maar plotseling komt er iets tussen. Je wordt toegelaten op de school, maar je kunt het schoolgeld niet betalen. Je wordt uitgenodigd voor een tweede sollicitatiegesprek, maar je baas neemt je terzijde en vertelt je dat ze toevallig weet dat jij niet de favoriete kandidaat voor de baan bent. Op dat moment stuit je op een wegversperring en moet je beslissen wat je volgende stap is. Verander je je doel of onderneem je actie om langs de wegversperring te komen? Een belangrijkere vraag is: welke keuze levert je de meeste groei op? En is dat in overeenstemming met je gevoel vanbinnen van wat de Essentie voor je wil? Het is maar al te eenvoudig om in onze doelgerichte, door veranderingen gedreven wereld te vergeten dat alles uiteindelijk volgens een universeel plan verloopt. Zelfs onze grootste problemen maken deel uit van het grote ontwerp en als we slim zijn, doen we ons best ons in het plan in te voegen en er niet tegen te vechten. Stel dat je niet genoeg geld hebt voor een bepaalde school: wat vertelt de Essentie je dan? Moet je naar een andere school, die minder kost? Misschien ontmoet je op die school wel je soulmate, iemand die je anders nooit had leren kennen. Moet je een jaar gaan werken, het geld sparen en dan naar school gaan? Misschien sla je uiteindelijk door die werkervaring wel een heel andere weg in, waarin je van je zult doen spreken? Moet je een aanvraag doen voor een toelage, beurs of lening totdat je genoeg geld hebt om de school te betalen? Je les in dit geval is dat je moet blijven doorgaan, zelfs al ligt er een versperring op de weg. De beste manier om met al dan niet onverwachte problemen om te gaan, is om ze te beschouwen als een mogelijkheid voor groei en een kans om te ontdekken welk pad de Essentie voor ons in gedachten heeft.

Soms is de grootste les van onverwachte problemen dat je geloof en vertrouwen moet hebben. We kunnen niet weten wat de Essentie allemaal voor ons in petto heeft en we kunnen niet weten welke lessen we allemaal moeten leren, totdat we ons leven als geheel zien. We moeten erop vertrouwen dat als we ons best doen, de uitkomst zo is als de Essentie heeft bepaald. En we moeten erop vertrouwen dat ons de weg wordt gewezen. Iedereen heeft problemen, maar de loop van ons leven wordt minder bepaald door wat we tegenkomen dan door hoe we ermee omgaan. Het geheim is om voorbereid te zijn, verbinding te houden met de Essentie, te geloven en het vertrouwen te hebben dat er van ons wordt gehouden en voor ons wordt gezorgd.

In 1963, tijdens de burgerrechtenstrijd in de Verenigde Staten, werd er een brandbom bij een kerk in Birmingham naar binnen gegooid, waarbij vier jonge meisjes die naar zondagsschool gingen omkwamen. De dominee Martin Luther King jr. sprak aangrijpend op hun herdenkingsdienst over het verdriet wanneer je wordt geconfronteerd met zo'n schijnbaar zinloze en onoverkomelijke uitdaging. Zijn woorden herinneren ons vandaag de dag nog aan de kracht van de Essentie om ons in moeilijke tijden te steunen.

Het leven is hard, soms zo hard als staal. Het heeft zijn ontmoedigende en moeilijke momenten. Net als het altijd stromende water in een rivier kent het leven momenten van droogte en momenten van overstroming. Net als de altijd veranderende cyclus van de seizoenen is er in het leven de koesterende warmte van de zomer en de ijzige kou van de winter. Maar als je volhoudt, ontdek je dat God met je meeloopt en je kan verheffen uit de vermoeidheid van de wanhoop naar de veerkracht van de

hoop en om duistere en verlaten valleien te transformeren in
zonverlichte paden van innerlijke rust.

Bedenk in ogenblikken van crisis en leed dat wat er ook gebeurt,
we verbinding kunnen maken met de Essentie door eenvoudigweg
om hulp te vragen. We moeten voorbereid zijn op wat op ons pad
kan komen, en als de verandering moeilijk te dragen is, weet dan
dat de Essentie er altijd is en ons verheft uit de wanhoop naar het
licht van de hoop.

Verandering en acceptatie van wat er is

God, geef me de kalmte om te aanvaarden wat ik niet kan ver-
anderen, de moed om te veranderen wat ik wel kan veranderen
en de wijsheid om het verschil tussen die twee te zien.
REINHOLD NIEBUHR

Verandering en keuze maken deel uit van het grotere kader van de
Essentie, het karma en het lot. We kunnen proberen iets in ons leven te veranderen door een bepaalde keuze te maken, maar karma
speelt nog steeds een rol. Stel dat je er net achtergekomen bent dat
je levenspartner een verhouding heeft. Je houdt nog steeds van
hem of haar en wilt niet scheiden, dus je vraagt hem of haar die andere relatie te verbreken. Je besluit ook dat je de verantwoordelijkheid op je neemt om de relatie te verbeteren door je liefhebbender
en attenter op te stellen jegens je partner. Je verandert jezelf om zo
een betere partner te worden. Je hebt echter een karma met je partner uit een relatie in een vorig leven waarin jij hem of haar hebt
verlaten. Het maakt niet uit welke veranderingen je doorvoert, het
is je karma in dit leven om verlaten te worden, net zoals jij de vorige keer de ander hebt verlaten. Dus je partner verlaat je en jij voelt
de pijn van de verbroken relatie. Wat jij een keer iemand anders

hebt aangedaan, daar lijd je nu onder. Dat is het echte doel van karma: het is geen wraak of het vereffenen van een rekening, het is een middel van de Essentie om ons te laten voelen welke invloed onze daden op het leven van andere mensen hebben, door ons in ons eigen leven hetzelfde te laten ervaren.

Soms is de pijnlijkste les die we kunnen leren dat bepaalde dingen niet voor ons voorbestemd zijn. We kunnen ons uiterste best doen, alles aan onszelf veranderen, doorzettingsvermogen hebben, bidden tot een hogere macht die ons met de Essentie verbindt, enzovoort, maar we bereiken nog steeds niet het resultaat dat we verlangen. In elke wedstrijd eindigt er iemand als eerste en daarna komt de rest van de deelnemers. Degene die zich er helemaal op richt eerste te worden, kan de echte les van de wedstrijd soms ontgaan: wie we worden terwijl we ons doel nastreven.

Als je partner de relatie verbreekt ondanks al jouw inspanningen, dan is het heel natuurlijk dat je rouwt om dat verlies. Maar als je jezelf de tijd hebt gegeven om te helen, kijk dan eens wat een veel betere geliefde je de volgende keer zult zijn. Welke lessen heb je geleerd over het tonen van je liefde? Zul je meer rekening houden met andermans gevoelens? Zul je duidelijker en sterker je behoeften uiten jegens je partner, en begrijpen waar die behoefte aan heeft in een relatie voordat je je serieus aan iemand bindt? (Ik ken twee mensen die elkaar op hun eerste afspraakje precies vertelden wat ze van een relatie verwachtten. Ze zijn nu tien jaar getrouwd en bekijken hun lijstje elk jaar opnieuw om ervoor te zorgen dat ze weten wat de ander wil.) Wat we 'mislukking' noemen, doet zich alleen voor als we onze lessen niet leren en ze dus in de toekomst niet kunnen toepassen.

Strijden tegen karma is doorgaans tijd- en energieverlies – tenzij dat precies de les is die je moet leren! We moeten aanvaarden dat, zelfs al hebben we veel invloed op ons lot door de keuzes die we maken en de veranderingen die we doorvoeren, de Essentie soms andere plannen met ons heeft. 'God vraagt niemand of hij het leven aanvaardt. Dat is de keus niet. Je moet het aannemen. De enige vraag is hoe,' zei Henry Ward Beecher. Als we ons zowel op het proces als op het resultaat richten en er niet alleen maar naar verlangen om iets te bereiken, maar in plaats daarvan ongeacht de omstandigheden leren en groeien, dan stromen we door het leven, in plaats van te worstelen. Dan aanvaarden we onze omstandigheden als deel van het universele plan van de Essentie.

In de vijf stadia van rouw zoals die door Elizabeth Kübler-Ross zijn beschreven, is aanvaarding de laatste en belangrijkste stap. Er is een verhaal over een jongeman die langzaam blind werd. Hij had het punt bereikt waarop de artsen niets meer voor hem konden doen.

Een heel wijze dokter zei vol medeleven: 'Je moet leren van je blindheid te houden.'

De eerste reactie van de jongeman was boosheid en minachting. Hoe kon hij van het verlies van zijn gezichtsvermogen gaan houden? In de loop der maanden voelde hij dat hij vanbinnen verschrompelde. Op een dag besloot hij in zijn blindheid te berusten – en er ontspande iets in zijn hart. In de ruimte die dat gaf, kon hij met kleine stapjes van berusting naar tolerantie naar aanvaarding gaan. Uiteindelijk kon hij weer tegen zichzelf zeggen: 'Ook al ben je blind, ik hou van je.' Op die dag veranderde zijn hele leven.

De psycholoog Carl Rogers merkte op: 'De vreemde paradox is dat als ik mezelf aanvaard zoals ik ben, ik kan veranderen.' Als we veranderen omdat we een hekel aan onszelf hebben, is het net alsof we vluchten voor een vijand op het slagveld: we rennen in paniek een of andere kant op, en de kans dat we op een ergere plek belanden, is even groot als de kans dat we een veilige plek vinden. Echte verandering moet beginnen met de aanvaarding waar we zijn en, nog belangrijker, wie we zijn. Aanvaarding schept ruimte vanbinnen, de vrijheid om het soort verandering te kiezen waardoor ons leven op een hoger niveau komt en beter wordt. Aanvaard jezelf op het diepste niveau als een manifestatie van de Essentie. Zie jezelf als deel van haar perfectie, ongeacht waar je je bevindt op je pad naar verlichting. Zeg zoals de blinde man tegen jezelf: 'Ik hou van je zoals je bent.' En laat die liefde je leiden bij je pogingen om elke dag van je leven in Essentie te groeien.

Wat nooit verandert

Alles verandert, niets gaat verloren.
OVIDIUS

In de *Tao Te Ching* heeft de grote filosoof Lao Tse de Essentie, die hij de tao noemde, als volgt beschreven: '...iets chaotisch, maar compleets, wat al voor de Hemel en Aarde bestond. Hoe stil en vormloos is ze, op zichzelf staand zonder te veranderen, het strekt zich uit tot alles, zonder dat haar iets overkomt! Ze moet beschouwd worden als de Moeder van het Universum.' In het centrum van alles ligt de Essentie, de moeder van het universum, dat wat nooit verandert, maar alle veranderingen binnen zichzelf omvat. Wanneer we verbinding maken met deze onveranderlijke Essentie, die deel uitmaakt van onszelf en waarin we bestaan, kan het gemakkelijker zijn om verandering als onderdeel van het leven te beschouwen. Als we ons voortdurend realiseren dat onze fundamentele aard eeuwig en onveranderlijk is, bezien we zelfs de grootste verandering als een nieuwe stap in de dans die tijdens ons leven en erna wordt uitgevoerd. We kunnen makkelijker begrijpen hoe de omstandigheden in ons leven onze groei dienen. We kunnen meer openstaan voor verandering en tegelijk sterker zijn en beter in staat om de hoogte- en dieptepunten die verandering onvermijdelijk met zich meebrengt het hoofd te bieden. Wanneer we verbinding maken met de onveranderlijke ruimte binnen in onszelf, kunnen we aan wat het leven ons toebedeelt.

Als we het onveranderlijke te midden van de verandering erkennen en er verbinding mee maken, dan kan dat ons onder de
moeilijkste omstandigheden helpen. Op een bepaald moment
worden we allemaal geconfronteerd met verlies en de pijn van verandering. We verliezen ons huis. De relatie waarvan we dachten
dat die een leven lang zou duren, komt ten einde. Wij of iemand
van wie we houden krijgt een ernstige ziekte. Als we te midden van
al die rauwe emotie en pijn die we voelen nog steeds die plek in
onszelf kunnen vinden waar onveranderlijke liefde en goedheid
bestaat, of als we via gebed of meditatie verbinding kunnen maken
met de universele goedheid, dan wordt onze pijn verzacht en kunnen we de rust vinden om ermee om te gaan. Als we als kind ge-
wond raken, is het onze natuurlijke aandrang om naar onze moeder of een andere liefdevolle volwassene te rennen. We weten dat
die ons zal omarmen, troosten en kalmeren. Door eenvoudigweg
bij diegene te zijn voelen we ons beter, omdat we omringd worden
door zijn of haar liefde. De Essentie wil hetzelfde voor ons doen
wanneer we met grote pijn worden geconfronteerd. Ze zal ons
troosten en ons voorzichtig in haar liefde koesteren, en er zo voor
zorgen dat moeilijke situaties gemakkelijker te dragen zijn.

Wanneer onze dierbaren overgaan, is het allerbelangrijkste om
je op de onveranderlijke liefde van de Essentie te richten. Op die
ogenblikken van grote verandering kan het moeilijk te geloven zijn
dat onze aard onvergankelijk is en onze ziel eeuwigdurend. We
richten ons op wat er verloren is, omdat dat zo aanwezig is in onze
geest en in ons hart. Maar deze ogenblikken kunnen ons heel erg
bewust maken van de eeuwige liefde die we met onze dierbaren
delen, de onveranderlijke liefde die ons in ons verdriet overeind
kan houden.

Er is een verhaal van een vrouw die na de dood van haar enige
zoon naar een taomeester ging. De meester luisterde terwijl ze
huilde en over haar ontroostbare verdriet sprak. Toen pakte hij

haar hand. 'Mijn liefste, ik kan je tranen niet wegnemen,' zei hij. 'Het enige wat ik kan doen is je leren hoe je ze heilig kunt maken.'

We maken de veranderingen in ons leven heilig door ons dieper met de Essentie te verbinden en we kunnen troost vinden in de rustige, zachte, meelevende liefde die ons en onze dierbaren aan gene zijde omvat en opbeurt.

Als laatste redmiddel, als onze pijn te groot is om te begrijpen of te dragen, kunnen we hem offeren. Soms is de enige manier om ons lijden te verlichten tegen de Essentie zeggen: 'Ik kan het niet, dus U moet.' In de eeuwige en onveranderlijke liefde van de Essentie kunnen we hoop vinden, aanvaarding en misschien het begrip dat er een reden en doel is, zelfs voor de dingen die we niet begrijpen. In psalm 130 zegt koning David: 'Uit de diepten roep ik tot U, o HEERE! … Mijn ziel wacht op den HEERE, meer dan de wachters op den morgen… Want bij den HEERE is goedertierenheid, en bij Hem is veel verlossing.' Pijn wijst ons de weg naar de bron van alle vertroosting. Verandering herinnert ons aan onze onveranderlijke aard. Als we wijs zijn, zien we veranderingen als de bochten in de weg die ons voorzichtig maar onverbiddelijk naar onze ware aard en ons laatste, beste thuis leiden: naar het hart van de Essentie zelf.

10

Het hart van de Essentie: dankbaarheid en geven

Als het enige gebed dat je in je hele leven zegt: 'Dank je wel' is, dan is dat voldoende.

MEISTER ECKHART

Ben je ooit een prachtige kathedraal, moskee, synagoge of tempel binnengegaan en heb je daar Gods aanwezigheid gevoeld? Heb je ooit een kind in je armen gehouden, of in de ogen van de liefde van je leven gekeken? Heb je wel eens op de top van een berg of aan de kust vol ontzag gezien hoe de zon opkwam en de wereld opnieuw leek te beginnen? Heb je ooit de onbaatzuchtige toewijding gezien van verzorgers die mensen vol tederheid en respect bijstaan, of de moed van brandweermensen, politiefunctionarissen of soldaten, die hun leven op het spel zetten om anderen te redden? Heb je ooit wel eens ervaren dat als je na een moeilijke tijd terugkeek, je besefte dat de Essentie voortdurend je onzichtbare partner was? Op die momenten dat we verbinding maken met liefde, ontzag, schoonheid, vroomheid en goedheid is dankbaarheid onze natuurlijke reactie. Wanneer we dankbaar zijn, zien we in welke geschenken we in ons leven hebben gekregen. Dankbaarheid is 'het eerbetoon van het hart aan God vanwege Zijn goedheid', schreef de Amerikaanse dichter Nathaniel P. Willis. Dankbaarheid maakt ons bescheiden en raakt ons in onze ziel. Ze stemt ons af op de vibraties van het universum. De Japanse wetenschapper en zakenman Masaru Emoto heeft de effecten van de woorden 'liefde en dankbaarheid' op water aangetoond. Hij deed gezuiverd water in glazen karaffen waarop hij 'liefde en dankbaarheid' had geschreven. Nadat het water er een paar uur in had gestaan, vroor hij druppels ervan in. Dat werden ijskristallen, die hij fotografeerde voordat ze smolten. De kristallen van normaal gezuiverd water waren al mooi, maar het water dat had blootgestaan aan de woorden 'liefde en dankbaarheid' vormde prachtige, symmetrische kristallen. 'Het was net alsof het water zich ergens over had verheugd en iets had gevierd door een ontluikende bloem te maken,' schreef Emoto.

Dankbaarheid verenigt ons niet alleen met de Essentie, maar ook met onze dierbaren hier en aan gene zijde. Als we liefhebbende gedachten sturen naar overleden vrienden en familie, is een van de liefste en meest helende dingen die we kunnen zeggen: 'Dank je wel dat je deel van mijn leven bent. Dank je wel dat je je liefde deelt. Dank je wel dat je zoveel voor me betekent.' De eerste paar dagen van je verdriet kan het moeilijk zijn dergelijke gevoelens te uiten, maar ze kunnen bijvoorbeeld onderdeel zijn van een herdenkingsdienst of begrafenis. Liefde is een zegen en het logische uitvloeisel is dankbaarheid voor het ontvangen van die liefde. Uit de readings die ik heb gedaan, is me wel duidelijk geworden dat onze dierbaren aan gene zijde nog steeds dankbaarheid kunnen voelen. Niet zo lang geleden heb ik daar nog een voorbeeld van gezien. Een jongeman, Jan, die zijn ouders op jonge leeftijd had verloren, wilde weten of ze over hem waakten en goedkeurden wat hij met zijn leven deed. Zijn moeder en vader kwamen snel door en zeiden tegen hem dat ze van hem hielden en dat ze het eens waren met het werk en de partner die hij had gekozen. Maar toen hadden ze nog een boodschap voor Jans zus, Wilhelmina, die erbij was tijdens de reading.

'Jij hebt het gezin overgenomen toen ze waren gestorven, nietwaar?' vroeg ik Wilhelmina. 'Je was net een tweede moeder voor Jan, en ze willen je laten weten dat je het geweldig hebt gedaan. Ze omarmen je en huilen omdat ze zo dankbaar zijn. Ze zullen op jullie passen en ze houden heel veel van jullie.' De glimlach op de gezichten van Jan en Wilhelmina zei me hoeveel het voor hen betekende om die boodschap van hun ouders te horen.

Ik dank u God voor deze meest wonderbaarlijke
dag:
voor de springende groenige geesten van bomen
en een blauwe ware droom van hemel; en voor alles
dat natuurlijk is dat oneindig is dat ja is
E.E. CUMMINGS

Dankbaarheid verrijkt ons leven als we ervoor kiezen die te voelen. Het maakt niet uit hoe moeilijk ons leven is, het wordt makkelijker en beter als we iets kunnen vinden om dankbaar voor te zijn. Dat kan beginnen met de waardevolle dingen die we misschien als vanzelfsprekend beschouwen. Hoeveel ochtenden zeggen we 'dank je wel' voordat we opstaan? De meesten van ons worden wakker en denken direct aan onze eerste kop koffie, of aan alles wat we nog moeten afmaken, of hoelang we nog de tijd hebben voordat we naar ons werk moeten, in plaats van gewoon dankbaar te zijn dat we nog een dag hebben gekregen om te leven. Hoevelen van ons zeggen: 'Dank je wel,' voor ons lichaam? Meestal zien we ons lichaam gewoon als iets vanzelfsprekends, totdat we ziek worden, maar ons lichaam is een onbetaalbaar geschenk, het omhulsel waarin onze ziel woont, groeit en leert. 'Zou je beide ogen verkopen voor een miljoen dollar… of je twee benen… je handen… je gehoor? Tel eens op wat je allemaal hebt, en dan merk je dat je dat voor geen goud zou verkopen,' schreef Dale Carnegie. Zelfs onze zorgen en problemen zijn geschenken van de Essentie en zouden waar mogelijk met dankbaarheid ontvangen

moeten worden. Als je vanuit je perspectief van vandaag terug-
denkt aan de moeilijke tijden in je leven: hoe vaak is er begrip of
groei uit voortgekomen? Alles wat op ons pad komt, kunnen we
als geschenk zien, als we ervoor kiezen om naar het doel van de
Essentie te zoeken dat erin verborgen ligt. En of we dat onmiddel-
lijke doel nu wel of niet zien, dankbaarheid kan het makkelijker
maken om te aanvaarden wat er op ons pad komt. Ik heb dit gezien bij mensen die afschuwelijke gebeurtenissen hebben meegemaakt: het verlies van kinderen, moord op dierbaren, ongevallen
waardoor ze alle hoop verloren. Een van de opvallendste onder-
delen van het helingsproces doet zich voor wanneer we ons de
liefde kunnen herinneren die we hebben gedeeld met degenen die
er niet meer zijn, en we met dankbaarheid aan het geschenk kunnen denken dat deze zielen in ons leven waren. Als we ons richten
op liefde en dankbaarheid in plaats van verlies, dan stellen we ons
ervoor open om dat deel van onze dierbaren dat nooit sterft, dat
altijd bij ons zal zijn en dat aan gene zijde op ons zal wachten opnieuw te ontdekken.

Uiteindelijk zouden we heel dankbaar moeten zijn voor het geschenk dat we ons bewust zijn van de aanwezigheid van de Essentie in ons leven. In het hindoeïsme gelooft men dat we miljoenen
incarnaties moeten doormaken als planten, insecten en dieren
totdat onze ziel genoeg is ontwikkeld om in menselijke gedaante
geboren te worden. Daarna duurt het tienduizenden levens voordat onze ziel zich bewust begint te worden van onze spirituele
aard en begint het proces van voortdurend keuzes maken om
meer als de Essentie te worden. Als je dit boek leest, denk ik dat je
al een heel eind op weg bent als spiritueel wezen, eenvoudigweg
omdat je meer zoekt dan wat je in deze wereld ervaart. Verheug je
over het geschenk van de Essentie, zoals Alexander Maclaren
schreef: 'Probeer een vrolijk, plezierig gevoel te kweken voor de
vele vriendelijke daden van God in je dagelijks leven.' Wees dankbaar voor de keren dat je een glimp opvangt van je eigen Essentie-

le aard. Door je dankbaarheid zul je je beter bewust worden van alles wat je ontvangt, zul je je meer openstellen om dingen te ontvangen en te geven. Dankbaarheid opent onvermijdelijk de deur voor grotere geschenken. Het is net een opwaartse spiraal, die ons dichter bij de Essentie brengt, zowel die in onszelf als die in onze evolutie van leven tot leven.

Het doorgeven van de geschenken van het universum

Het leven wordt ons gegeven, maar we verdienen het door het te schenken.

RABINDRANATH TAGORE

Liefde, goedheid en wijsheid zijn de fundamentele elementen van de Essentie, maar schenken is haar aard. Er is iets in elk deel van het universum wat genegen is om te geven, of het nu een bloem is die zijn schoonheid schenkt, een boom die schaduw geeft, planten die voeding geven, dieren die op hun jongen en elkaar passen. Onlangs ging een vriendin van een vriendin voor de eerste keer naar India, en in een tempeltje buiten de stad zag ze een aap met een kom eten. (Apen in dat gebied zijn wild en heel brutaal, ze stelen voedsel van kinderen en volwassenen, en niemand bemoeit zich met hen omdat ze bijten.) Deze aap hield de kom eten in één hand en in de andere had hij een puppy vast. Eerst dacht de vrouw dat de aap de puppy iets zou doen, maar toen besefte ze dat hij de puppy aaide en de kom zo hield dat die er al het voedsel uit kon eten. Wat een verbazingwekkend voorbeeld van vriendelijkheid van het ene wezen jegens het andere! Het herinnerde deze vrouw eraan dat geven deel lijkt te zijn van elke soort en vorm van leven. Door vol dankbaarheid te leven, stemmen we ons af op deze energie van de Essentie. Het is net alsof we het circuit sluiten tussen de Essentie en ons, en zo een perfecte verbinding maken die ons verheft en ons dichter brengt bij wie we echt zijn.

Aangezien het onze taak op aarde is om steeds meer op de Essentie te gaan lijken, om in goedheid, liefde en wijsheid te groeien, en het de fundamentele aard van de Essentie is om te geven, moet dat ook die van ons zijn. Dankbaarheid zou vergezeld moeten gaan van verantwoordelijkheid: we moeten dankbaar zijn en onze overvloed delen met anderen, net als de Essentie haar overvloed met ons heeft gedeeld. Het is geen toeval dat spirituele geschriften uit elke traditie er de nadruk op leggen dat we aan anderen moeten geven. Het wordt als een van de pijlers van de islam beschouwd om elk jaar *zakat*, of 'armenbelasting' te betalen, een klein percentage van je inkomen en vermogen. In de Koran wordt een rechtschapen man gedefinieerd als 'hij die in God en de Laatste Dag, de engelen, het Boek en de profeten gelooft; hij die, hoewel hij er veel om geeft, zijn rijkdom schenkt aan verwanten, wezen, de behoeftigen, de reiziger in nood en aan bedelaars, en om slaven vrij te kopen; die zijn gebeden opzegt en de armenbelasting betaalt' (vers 2:177).

Ik ben opgegroeid in een joods gezin, waar ik het begrip tsedaka heb geleerd. Het woord betekent letterlijk 'gerechtigheid', maar tegenwoordig wordt het gebruikt om liefdadigheid of de betaling van tienden aan te duiden. Leviticus, Numeri en Deuteronomium zijn drie belangrijke boeken van de Tora waarin levensregels worden gegeven, en daarin staat dat de joden aan de behoeftigen moeten geven. Bij elke oogst werd de joden verzocht slechts één keer door hun velden en wijngaarden te gaan en het resterende voor de 'vreemde, de vaderloze en de weduwe' te laten liggen. Tsedaka is een religieuze verplichting die door iedereen, zelfs de armsten, moet worden uitgevoerd. Het is een manier om de gunst van de Almachtige te verwerven, en een hoeksteen van het spirituele leven. 'Gij zult hem mildelijk geven, en uw hart zal niet boos zijn, als gij hem geeft; want om dezer zake wil zal u de HEERE, uw God, zegenen in al uw werk, en in alles, waaraan gij uw hand slaat' (Deuteronomium 15:10).

In veel tradities is het geven aan anderen even belangrijk als, zo niet belangrijker dan, het geven aan God. God heeft per slot van rekening niet nodig wat wij te geven hebben, hij is God al! Maar als we anderen helpen in tijden van nood, worden wij de handen van God, en dat is wat God wil. In het Nieuwe Testament beschreef Jezus het welkom dat de gullen en rechtschapenen in de hemel zou wachten 'Want Ik ben hongerig geweest, en gij hebt Mij te eten gegeven; Ik ben dorstig geweest, en gij hebt Mij te drinken gegeven; Ik was een vreemdeling, en gij hebt Mij geherbergd. Ik was naakt, en gij hebt Mij gekleed; Ik ben krank geweest, en gij hebt Mij bezocht; Ik was in de gevangenis, en gij zijt tot Mij gekomen.' En wanneer de rechtvaardigen aan God vragen wanneer ze deze dingen hebben gedaan, antwoordt God: 'Voor zoveel gij dit een van deze Mijn minste broeders gedaan hebt, zo hebt gij dat Mij gedaan.' (Matteüs 25:35-40)

Er is een verhaal over een grote boeddhistische meester, Tetsugen, die een aantal heilige boeken die alleen in het Chinees verkrijgbaar waren, in het Japans wilde vertalen en uitbrengen. Het project zou heel veel geld gaan kosten, dus Tetsugen ging van stad tot stad om geld in te zamelen. Na tien jaar had hij genoeg bijeengebracht, waarna het vertaalwerk begon. Op dat moment stroomde de rivier in de provincie over en werden de meeste oogsten verwoest. Er was geen voedsel en de mensen leden honger. Met het geld dat Tetsugen had opgehaald, kocht hij rijst om aan de hongerige bevolking uit te delen. Toen ging hij nog een keer op pad om geld in te zamelen zodat de vertaling gemaakt kon worden.

Na nog een paar jaar had hij bijna genoeg geld om naar huis terug te keren toen er een epidemie uitbrak. Duizenden kinderen hadden geen ouders meer. Tetsugen gebruikte het geld voor de vertaling nogmaals om hulp te verlenen aan behoeftige families. Toen verliet hij voor de derde keer zijn huis om geld in te zamelen voor de vertaling en uitgave van de heilige boeken. Na bijna dertig jaar was het project voltooid. Tetsugen stierf kort daarna, als gelukkig man. Er zijn echter mensen die vonden dat de levens die hij heeft gered met het geld voor de eerste twee 'edities' nog heiliger waren dan de boeken zelf.

Net als je heel makkelijk opgeslokt kunt worden door het dagelijks leven en kunt vergeten om dankbaar te zijn voor alles wat ons gegeven is, kunnen we ook vergeten hoeveel we hebben en hoeveel verschil zelfs een kleine gift kan maken. We zijn zo gericht op wat we willen en wat we denken nodig te hebben, dat we geven onderaan op ons lijstje zetten in plaats van bovenaan. Maar geven aan anderen zou net zo belangrijk moeten zijn als zorgen voor onze eigen behoeften. Hoeveel van ons vinden een lekker kopje koffie elke dag belangrijker dan liefdadigheid? Zelfs het kleinste bedrag kan voor iemand verschil maken. En als we geen geld kunnen geven, wat dan wel? Er is een Arabisch speekwoord dat zegt: 'Als je veel hebt, geef dan iets van je rijkdom; als je weinig hebt, geef dan iets van je hart.' Hoe vaak is je leven opgevrolijkt door een vriendelijk woord of een glimlach, die niets kost, maar zoveel betekent? Het schenken van onze tijd en aandacht kan zelfs belangrijker zijn dan het schenken van ons geld, en het is zeker persoonlijker. Hoeveel zou het voor iemand betekenen van wie een familielid in het ziekenhuis ligt of die net een dierbare heeft verloren als je een zelfgemaakte stoofschotel kwam brengen, of als je zou aanbieden boodschappen te doen, iemand op te halen van het vliegveld, de kinderen een middagje mee naar de dierentuin te nemen of op bezoek te gaan in het ziekenhuis zodat de anderen even rust hebben? Ik ken veel joodse verpleegkundigen en artsen die met Kerstmis werken zodat hun christelijke collega's thuis bij hun gezin kunnen zijn. En als je ooit op een feestdag maaltijden hebt geserveerd in een opvanghuis voor daklozen, dan heb je gezien hoeveel het betekent voor deze mensen dat iemand genoeg om hen geeft om tijd aan hen te spenderen. 'Geef wat je hebt,' spoort dichter Henry Wadsworth Longfellow ons aan. 'Voor iemand anders kan het meer betekenen dan je zou durven dromen.'

Een paar maanden geleden was ik thuis in Michigan. Het was koud en het sneeuwde, en ik liep over straat in de stad waar ik woon. Ik zag een dakloze man naast een gebouw staan. Voor hem stond een klein, handgeschreven bordje waarop stond: 'IK HEB HONGER: HELP ME ALSTUBLIEFT.' Ik had niet veel contant geld bij me, maar ik was net naar de supermarkt geweest en ik had een brood in de auto. Ik ging naar de auto, pakte het brood en haastte me terug naar de dakloze. Toen ik het hem gaf, zou je denken dat ik hem net een miljoen had gegeven, zo dankbaar was hij. Maar hij was niet alleen blij omdat hij nu iets te eten had: hij was blij dat iemand hem had gezien en zich zijn situatie had aangetrokken.

Shakespeare schreef ooit eens over barmhartigheid: 'En dubblen zegen brengt ze, Zij zegent hem, die geeft, en die ontvangt.' Hetzelfde kun je zeggen wanneer we aardig zijn tegen anderen. We voelen ons prettig als we iets aardigs doen. Normaal gesproken is een aardige daad niet wederkerig, we doen gewoon iets voor een ander, zonder dat het ons voordeel oplevert. Wat we echter wel krijgen, is het gelukkige gevoel dat samengaat met aardig zijn. Aardigheid is goedheid en liefde in actie. We kunnen aardig zijn tegen iedereen: de dakloze op straat, de mensen van wie we meer dan wie ook houden, vreemden en verwanten, dieren, het milieu, enzovoort. Als we ons erop toeleggen aardig te zijn, zullen we ontdekken dat het universum ons tientallen kansen geeft om op kleine manieren een positieve bijdrage te leveren. 'Het beste deel van het leven van een goede man zijn/Zijn kleine, naamloze, daden/Van aardigheid en van liefde,' schreef William Wordsworth. We komen het dichtst bij de Essentie door onze willekeurige daden van anonieme vriendelijkheid. De kleinste dingen, zoals op een drukke dag tien minuten met je oude buurvrouw kletsen, of tijd vrijmaken om iemand in nood te helpen, kunnen voor iemand anders veel verschil maken en kunnen onze ziel dichter bij de engelen brengen.

Hij die hulp met dankbaarheid ontvangt, betaalt de eerste ter-
mijn van zijn schuld.

SENECA

Om afgestemd te zijn op de Essentie moeten we goede ontvangers
en goede gevers zijn. Dat kan moeilijk zijn. Als we iets geven, krijgen we daar bijna altijd een prettig gevoel van, maar soms kan het
moeilijk zijn om te ontvangen, zelfs als we in nood verkeren. Het
gevoel dat we bij iemand in het krijt staan en een kleine tot geen
kans hebben om diegene terug te betalen, kan moeilijk zijn voor
het ego. Anthony Robbins vertelt een verhaal over de tijd, op zijn
negende, dat zijn familie een heel moeilijke periode doormaakte.
Het was Thanksgiving, zijn vader was zijn baan kwijt en er was
geen eten in huis. Midden op de dag hoorde Tony dat er aange-
klopt werd. Toen hij de deur opendeed, zag hij een man op de ve-
randa staan, met een grote doos voedsel.

'Ik ben van de Kerk verderop in de straat en we hoorden dat jullie het zwaar hebben. Dit is voor jullie Thanksgiving,' zei de man.

'Wacht even!' antwoordde Tony, en hij rende naar binnen om
zijn vader te halen, die hij vol verwachting naar de deur trok om de
onverwachte gift te laten zien.

Maar toen zijn vader de man met de doos zag, betrok zijn gezicht. 'We accepteren geen liefdadigheid!' snauwde hij en hij sloeg
de deur dicht.

Die gebeurtenis maakte een onuitwisbare indruk op de jonge
Tony. Hij was de vreemde die zijn familie had willen helpen zo
dankbaar dat hij zwoer hetzelfde anoniem te doen en voedsel zo te
bezorgen dat de ontvanger zijn trots kon behouden. De afgelopen
dertig jaar heeft hij op Thanksgiving persoonlijk voedsel afgeleverd bij gezinnen in nood en daklozen. Zijn stichting sponsort
'mandbrigades' over de hele wereld, waar groepen mensen samen-
komen en voedselmanden samenstellen om op feestdagen uit te
delen. Elke mand wordt anoniem afgeleverd, de gevers fungeren

als 'bezorgers' en doen alsof ze niet weten waar het voedsel vandaan is gekomen. In elke mand ligt een briefje met daarop: 'Dit is gemaakt door iemand die van u houdt. Het enige wat we van u vragen, is dat u dit op een dag ook voor iemand anders doet.'

In werkelijkheid is alles in ons leven een geschenk, het resultaat van iemand anders' inspanningen voor ons. We krijgen liefde van onze familie en vrienden. Iemand heeft het huis gebouwd waarin we wonen en de auto's waarin we rijden, de kleding die we dragen en de bezittingen die we hebben. We hebben elektriciteit omdat iemand ervoor zorgt dat de turbines draaien en de generatoren werken. We hebben voedsel door de inspanningen van boeren, telers, vervoerders en handelaren. Alle dingen bestaan uit de geschenken van zon, licht, regen en de natuur.

'Ik besef vele malen per dag hoeveel van mijn leven is gebouwd op het werk van mijn medemensen, en hoe serieus ik mezelf moet inspannen om evenveel te geven als ik heb ontvangen,' schreef Albert Einstein. We moeten de geschenken van het universum vol dankbaarheid ontvangen en ervoor zorgen dat we deel uitmaken van de nooit eindigende cyclus van geven en ontvangen.

Als we werkelijk begrijpen wat geven en ontvangen is, erkennen we de waarheid die achter de Gouden Regel ligt: er is geen verschil tussen ons en onze buren. Wanneer we de eenheid van het menselijk ras voelen, ontwikkelen we begaanheid en een gevoel van verbinding met alles en iedereen. We zien geven en ontvangen als een grote cyclus die essentieel is voor groei. De Essentie wil dat we opgewekte gevers en opgewekte ontvangers zijn, en dat we in beide gevallen dankbaarheid ervaren en uiten. 'We moeten alle schepselen helpen, en we hopen dat we door alle schepselen geholpen worden,' schreef dominee Gerald Vann. Als we volgens de Gouden Regel leven en de werkelijke relatie tussen geven, ontvangen en dankbaarheid begrijpen, kunnen we beter leven, groeien en leren op de manier die de Essentie bedoelt, als onderdeel van de grote cyclus van leven, energie en liefde.

Waarom – en hoe – geef jij?

De manier van geven is meer waard dan het geschenk.

PIERRE CORNEILLE

Het is duidelijk dat de Essentie wil dat we geven en ontvangen – maar wat verkiezen we om te geven en hoe verkiezen we het te geven? En even belangrijk: hoe moeten we ontvangen? Ik geloof dat er vijf kenmerken zijn van geven en ontvangen vanuit de Essentie. Ten eerste: geven moet ons dichter bij de Essentie brengen, en niet ons ego voeden. Ik weet zeker dat je wel mensen kent die alleen maar geven als ze daarvoor erkenning krijgen. Ze krijgen een kick als ze hun naam op een gebouw of boven aan een lijst van giften zien staan, of ze maken er een hoop ophef over als ze iets voor iemand doen. Zelfs als ze protesteren en zeggen: 'Dat stelt niets voor – graag gedaan!' dan nog zorgen ze ervoor dat jij weet dat het heel veel voorstelt. Zelfs de kleinste gunst of het kleinste geschenk wordt een manier om hun ego te strelen. Dergelijke gunsten creëren eerder wrok dan dankbaarheid, we voelen ons er klein door omdat de gevers zich zo groot moeten voelen. Geven zou echter geen wedstrijd moeten zijn, en ook geen manier om de behoeften van je ego te bevredigen. Veel grote zielen geven anoniem, niemand weet dat ze zo gul zijn tot na hun dood.

Er was eens een man die in het midden van de Verenigde Staten woonde. Elke kerst trok hij een kerstmanpak aan, deed een muts op en een baard om, waarna hij de besneeuwde straten op ging en biljetten van vijftig dollar weggaf. Op deze manier gaf hij anoniem miljoenen weg. Niemand wist wie hij was totdat hij was overleden. Tegenwoordig zet een vriend van hem deze traditie van anoniem geven voort. In het Nieuwe Testament vertelt Jezus ons dat wanneer we geven, onze linkerhand niet zou moeten weten wat onze rechterhand doet. Als we in het geheim geven, zegt hij, ziet God het en zal hij ons openlijk belonen (Matteüs 6:3-4). Ik geloof dat als we onzelfzuchtig geven, we handelen als de vertegenwoordiger van de Essentie, we worden een doorgeefluik van overvloed vanuit het universum. Krijgen we een prettig gevoel als we geven? Natuurlijk – en dat is onze beloning. Maar ons prettige gevoel zou heel weinig te maken moeten hebben met hoeveel erkenning we krijgen en veel meer met het feit dat geven ons in verbinding stelt met onze ware aard. We zouden dankbaar moeten zijn met de mogelijkheid om ons te verbinden met de Essentie om haar overvloed onder anderen te verspreiden. Wanneer we geven, zouden we gewoon van de schoonheid van het geven, helpen, helen of zorgen voor iemand moeten genieten en alles opzij moeten zetten wat ons scheidt van de zuivere ervaring van de Essentie.

Onzelfzuchtig en anoniem aan anderen geven, licht in de wereld verspreiden en je eigen duisternis verlichten, je deugdzaamheid wordt een heiligdom voor jezelf en alle wezens.

LAO TSE

Ten tweede: geven vanuit de Essentie is onzelfzuchtig. Ik weet nog dat ik een keer naar een documentaire keek over een hongersnood in Afrika, waarbij een jongetje te zien was dat een plekje vooraan in de voedselrij had veroverd en een kom met een soort stoofschotel kreeg. Hij liep de hoek om, gaf de kom aan zijn kleine broertje, en hij liet hem eten voordat hij ook maar een hapje nam van datgene waarvoor hij zo hard zijn best had gedaan. In zijn boek *De zin van het bestaan* heeft psychiater Viktor Frankl de gruwelen beschreven van zijn verblijf in een concentratiekamp in de Tweede Wereldoorlog – maar hij schreef ook over gevangenen die hun eigen broodrantsoen weggaven aan mensen die nog slechter af waren. Dit soort onzelfzuchtige daden maakt ons bewust van de goddelijkheid en goedheid waartoe de mens in staat is, als we onze hoogste instincten maar zouden volgen. Dergelijke onzichtbare geschenken worden elke dag gegeven. Denk maar aan gezinsleden die voor iemand met Alzheimer zorgen of met een ziekte als MS. Denk aan ouders van kinderen met een genetische ziekte of aangeboren afwijking en de liefhebbende zorg die ze deze onschuldige kinderen dag in dag uit, jaar in jaar uit bieden. In dergelijke situaties zou geven wrok of boosheid kunnen veroorzaken, of geklaag over het lot. Maar wanneer we onzelfzuchtig geven, zijn dergelijke gevoelens weliswaar natuurlijk, maar doorgaans tijdelijk. Onze omstandigheden kunnen een middel zijn om verbinding te maken met de steun van de Essentie, die ons door onze beproevingen zal leiden. Als we geven en er niets voor terug verwachten, zullen we alles ontvangen.

Ik weet niet wat je lot zal zijn, maar één ding weet ik wel: de enigen onder jullie die gelukkig zullen zijn, zijn degenen die hebben gezocht naar een manier om dienstbaar te zijn en die hebben gevonden.

ALBERT SCHWEITZER

Ten derde: dienstverlening aan anderen is de hoogste vorm van geven. Als onderdeel van de Essentie worden we geroepen om anderen ten dienste te zijn en hen te helpen te leren, groeien en te ontdekken wie ze zijn. Dienstbaarheid giet onze dankbaarheid in een vaste vorm. 'Je werk is zichtbaar gemaakte liefde,' schreef Kahlil Gibran. Vrijelijk aangeboden diensten zijn letterlijk liefde in actie. Maar net als het geven van onze tijd, ons geld of wat dan ook, moeten onze diensten worden verleend zonder iets terug te verwachten. Lao Tse zei dat diensten verlenen aan anderen zonder verwachting of beloning een van de vier hoofddeugden van het leven is. 'Deugdzaamheid beoefenen is het onzelfzuchtig hulp bieden aan anderen, geven zonder je tijd, inspanningen en gebruikte bezittingen te beperken, wanneer en waar nodig, zonder vooringenomenheid over de identiteit van de behoeftige,' schreef hij. In de Indiase religieuze traditie wordt dit soort dienstbaarheid *seva* genoemd, een handeling die onzelfzuchtig aan het goddelijke wordt geofferd, zonder verwachtingen. Wanneer je iets als offer doet, wordt werk een heilige handeling. Of je nu vloeren boent, voor kinderen of zieken zorgt of zaken doet, je voert je taak naar je beste vermogen uit zonder verwachtingen te koesteren, of erkenning of een beloning na te streven, omdat het jouw geschenk aan het goddelijke is. Je doet het ook zonder een bepaald resultaat te verwachten: je doet je best en laat de rest aan God over. Werk wordt een middel om verbinding te maken met de Essentie en elke handeling wordt een kans op vreugde.

Het grootste goed dat je een ander kunt geven, is niet je rijkdom delen, maar jezelf aan hem onthullen.
BENJAMIN DISRAELI

Ten vierde: geven vanuit de Essentie helpt mensen om meer te worden. We kennen allemaal het oude spreekwoord: 'Geef iemand een vis en hij heeft een dag te eten, leer hem vissen en hij heeft zijn hele leven te eten.' Hoe kan jouw geschenk deze persoon helpen te groeien? Zorgt jouw geschenk ervoor dat iemand zijn slechte gewoonten voortzet, kweekt het afhankelijkheid, of wordt hij er juist onafhankelijker door? Een geschenk waarmee je ervoor zorgt dat mensen zichzelf ontwikkelen weerspiegelt: 'Ik geloof in jou. Ik zie je als mijn gelijke. Ik ben alleen het duwtje in de rug om je weer op eigen benen te helpen.' Met dit soort geven wordt zowel de ontvanger als de gever gerespecteerd. Hierdoor wordt een gelijkwaardige relatie van gemeenschappelijkheid gecreëerd, van schone energie tussen twee mensen. Zo is het voor zowel de gever als de ontvanger veel makkelijker om het geschenk te zien voor wat het is: de Essentie die zichzelf met de Essentie deelt.

Ten vijfde: geven vanuit de Essentie wordt met vreugde gedaan. 'God heeft een blijmoedigen gever lief,' verklaarde Paulus in Korintiërs. Als je iets met tegenzin geeft, weet je dat je geen vreugde put uit het geven, en de ontvanger ontvangt het ook niet met plezier. Het is beter om minder te geven, maar met liefde, dan met tegenzin meer te geven. 'Het gaat er niet om hoeveel we geven, maar hoeveel liefde we in het geven stoppen,' zei Moeder Teresa. Denk eraan, de Essentie geeft vrijelijk aan ons allen en deelt haar overvloedige, onuitputtelijke voorraad met ons. Wanneer we met plezier geven, verbinden we onszelf met de bron van liefde en overvloed die in ons hart ligt en het universum van brandstof voorziet. We verbinden ons in één keer zowel met de menselijkheid als met het goddelijke.

Wat is je doel?

God roept je naar de plek waar jouw grote vreugde en de grote honger van de wereld elkaar treffen.
FREDERICK BUECHNER

Het ultieme geschenk dat we de Essentie geven is onszelf: hoe we groeien en wat we op aarde bereiken. Iemand heeft ooit eens gezegd dat elk leven ofwel een voorbeeld of een waarschuwing is, en wij moeten ervoor zorgen dat we in de eerste categorie vallen en niet in de tweede. We moeten ons best doen om in overeenstemming met de Essentie te leven en haar kenmerken te illustreren. We moeten voorbeelden zijn van goedheid, wijsheid en liefde. We moeten het doel waarvoor we geboren zijn zoeken en vervullen. Ons doel hangt af van ons karma en van wat we hebben gedaan voordat we deze keer op aarde kwamen. Ons doel hoeft niet groots te zijn, hoewel dat wel kan. Iemands doel kan zijn om een klein katje te redden van de hongerdood, terwijl iemand anders moet voorkomen dat de tijger uitsterft. Het kan je doel zijn om een geweldige ouder te zijn, voor je bejaarde ouders te zorgen, anderen te inspireren, steden te bouwen, daklozen te helpen, of elk van de honderdduizend andere doelen. Ons doel is drievoudig. Het voornaamste doel van elk leven is leren en dichter bij de Essentie komen. Ons tweede doel is het karma dat we met ons hebben meegebracht door te werken, en zo te handelen dat er goed karma voor ons volgende leven ontstaat. En ons derde doel is anderen ook te helpen leren en groeien in Essentie.

Het is niet eenvoudig om volgens ons drievoudige doel te leven. Het leven is een school en wij zijn er om te leren, en als we voortgaan op het pad naar hereniging met de Essentie worden onze lessen moeilijker, niet makkelijker. Maar pas als we steeds grotere problemen voor onze kiezen krijgen en die overwinnen, kunnen we leren hoe geweldig we werkelijk zijn. 'God leidt mensen niet in diep water om hen te verdrinken, maar om hen te reinigen,' schreef de geestelijke James H. Aughey. Het universum weet wat we moeten leren, en we kunnen alleen maar hopen dat we op zo'n manier met onze beproevingen en ellende omgaan dat we een trots voorbeeld van de Essentie in de wereld zijn. We moeten leren onze gedachten, emoties en handelingen erop te richten om ons en anderen dichter bij de Essentie te brengen.

Het leven leven

Tel de dagen niet – zorg dat de dagen tellen.
ED AGRESTA

Zelfs al weten we dat dit leven eindig is, toch lopen de meesten van ons rond alsof we alle tijd van de wereld hebben, om te leven, lief te hebben, te handelen en te geven. Maar vaak worden we aan het tegendeel herinnerd door gebeurtenissen die ons diep raken, net als Marianne, een vrouw van in de dertig die haar man dood in bed aantrof. Hij was gezond en gelukkig, maar hij overleed aan een ongediagnosticeerde lichamelijke ziekte. Marianne was om twee redenen helemaal verslagen. Ten eerste geloofde ze niet in een hiernamaals en ze dacht dus dat haar man voor eeuwig weg was. Ten tweede maakte ze zich er zorgen over dat haar twee jonge zoontjes de liefde van hun vader moesten missen. Ze kwam naar me toe voor een reading en binnen een minuut of twee kwam haar man door om beide zorgen te verlichten.

'Je man vertelt dat hij zijn zoontjes elke avond knuffelt,' zei ik. 'Vraag je zoon maar of dat waar is.'

De jongen knikte. 'Ik voel dat mijn vader me knuffelt,' zei hij. 'En ik heb een kaars gemaakt voor mijn vader en toen die gesmolten was, zag hij eruit als een hart. Dat was mijn vader die tegen me zei dat hij van me hield.'

'Je man wil heel graag dat je weet dat hij van je houdt en dat hij altijd bij je is,' zei ik tegen Marianne.

'Nu ik dat weet en naar mijn zoontjes kijk, weet ik dat het leven de moeite waard is,' antwoordde ze.

De realiteit waarmee ik elke dag te maken heb en die de meesten van ons vergeten hebben, is: zelfs al sterven onze geest en ziel nooit, we zijn hier slechts voor een beperkte tijd en de dood is onvermijdelijk. Onze handelingen kunnen onze dagen verlengen of verkorten, maar de dood komt. Hoewel het leven eindig is, is de Essentie eeuwig, en een deel van ons bestaat eeuwig. De vorm verandert, maar de geest blijft bestaan, hij maakt de enorme verandering van de dood mee en komt heel en compleet aan gene zijde. Omdat dat zo is, zijn wijze mensen niet bang voor de dood. Zoals een grote meester eens vroeg op zijn doodsbed: 'Waarom zou ik een kaars laten branden nu de dag zelf aanbreekt?' Hoewel we de dag aan gene zijde niet kunnen zien, voelen we het licht ervan wel in onszelf, in de aanwezigheid van de Essentie. En als we onze verbinding met de Essentie koesteren, dan hebben we weinig te vrezen als het onze tijd is om ons licht te laten versmelten met het licht van de Essentie.

Gebruik het licht om terug te keren naar het Licht.
Dan kun je sterven en toch eeuwig leven.

LAO TSE

Ons voornaamste doel op aarde is het leven leven, wat inhoudt dat we ernaar streven elke dag meer als de Essentie te worden. De Essentie is net een zaadje in ons, het eeuwige zaadje dat groeit, bloeit, wegkwijnt en sterft, maar dan opnieuw opkomt. Een tulpenbol ligt 's winters slapend in de grond, en groeit en bloeit weer in de lente. Zodra de bloem weg is, groeien de bladeren voorspoedig tot het herfst wordt en ze ook afsterven. In de winter lijkt het alsof de tulp dood is, maar in de lente bloeit hij weer. De Essentie van de tulp is onveranderlijk, ongeacht welke vorm hij nu heeft. Onze Essentie is net zo onveranderlijk, ongeacht welke vorm we hebben in dit leven. Maar in tegenstelling tot de tulp kunnen wij helderder, sterker, meer als de Essentie worden in goedheid, wijsheid en liefde.

Wanneer we het leven leven, reinigen we onze aard door alles van ons af te schudden wat niet in harmonie met de Essentie is. Net als een tuinman die een boom of plant snoeit zodat de overblijvende stammen sterker worden, moeten we het leven bezien als een kans om die delen van onszelf te koesteren die als de Essentie zijn en alles weg te snijden wat niet leidt tot het hoogste en beste. Dat is onze taak en dat is ons lot. De vrije wil kan ons wegleiden van de Essentie, naar het kwade toe, maar om dat te laten gebeuren, moeten we leven na leven voortdurend slechte keuzes maken. En altijd wenkt de Essentie ons, vraagt ze ons om zoals zijzelf te worden. Kiezen voor de Essentie is niet altijd de makkelijkste weg, maar het is wel de natuurlijke weg. En wanneer we de weg van de Essentie kiezen, vervullen we het lot waarvoor we geboren zijn.

Voor alles wat is geweest, bedankt.
Voor alles wat zal zijn, ja.

DAG HAMMARSKJÖLD

Dankbaarheid, geven en ontvangen, en het zoeken en naleven van je doel zijn allemaal aspecten van een leven dat ten volle wordt geleefd. De Essentie wil niet dat we afstand doen van het leven, in een grot leven, vierentwintig uur per dag mediteren en ons alleen op ons innerlijke spirituele leven richten. We worden geboren om in het gezelschap van anderen te zijn, om van anderen te leren, anderen te onderwijzen en te leren van dit wonderbaarlijke privilege van de menselijke geboorte. 'Zijn is een zegen. Leven is heilig,' schreef Abraham Heschel. Elke dag biedt zegeningen, kansen om te groeien, momenten van verlichting die ons onze ware aard tonen. Met een beetje aandacht, een beetje inspanning en heel veel dankbaarheid en liefde kunnen we zelfs de meest alledaagse dag tot een wonder maken. We kunnen het geschenk van het leven dat ons is gegeven erkennen en ervan genieten. We moeten echter niet alleen voor onszelf het leven leven, maar ook voor het goede dat we in de wereld kunnen doen. De Amerikaanse president Woodrow Wilson zei: 'Je bent niet hier om alleen de kost te verdienen. Je bent hier om ervoor te zorgen dat de wereld overvloediger kan leven, met een grotere visie, meer hoop en betere prestaties. Je bent hier om de wereld te verrijken en je verarmt jezelf als je die boodschap vergeet.'

Elke dag maken we de keuze hoe we leven en welke invloed we hebben op de wereld en de mensen om ons heen. Zullen we de tijd nemen om elkaar een heel kleine dienst te bewijzen? Zullen we ervoor kiezen om uit liefde of uit haat te handelen? Zullen we de behoeften van een ander minstens gelijkstellen aan die van onszelf, of er zelfs boven? Ik zeg niet dat we altijd volledig voor anderen moeten leven, we moeten inzien dat we zelf waardevol zijn, maar dat de wezens die ons leven delen dat ook zijn. De Essentie wil echter dat we een levend voorbeeld van liefde in actie zijn. Ze wil dat we op ons best zijn en leven en ons best doen, zodat we degenen om ons heen kunnen helpen en inspireren. De Essentie wil dat we iets proberen te bereiken, ergens naar streven, groeien, iets worden, iets betekenen.

En de Essentie staat het ons niet toe om te wachten. De klok tikt, we hebben maar een bepaalde hoeveelheid leven gekregen. Hoe we die gebruiken, bepaalt de vooruitgang die we deze keer op aarde maken, dus kies ervoor om nu goed te doen. Een mooi jong meisje schreef eens: 'Hoe prachtig is het, dat niemand een seconde hoeft te wachten om te beginnen met de wereld te verbeteren!' Ze heette Anne Frank en het geschenk van haar verhaal en spirituele instelling inspireren vandaag de dag nog steeds miljoenen mensen. Wat verkies je om met de jaren die je zijn gegeven te doen? Ik heb ooit iemand horen zeggen dat onze taak op aarde eenvoudig is: leven, liefhebben, lachen en een blijvende erfenis nalaten. De Essentie wil dat we blij zijn, dansen, verheven worden terwijl we anderen verheffen. Het zou ons gelukkig moeten maken om elke dag in wijsheid en licht te leven, omdat we hierdoor de verzekering krijgen dat we meer zijn dan wat we zien, dat onze geest zich uitbreidt vanuit ons kleine, plaatselijke, in de tijd ingesloten bewustzijn naar het gebied van oneindige mogelijkheden en allesomvattende liefde. Dat is wie we zijn, en alles wat we hoeven doen, is ons open te stellen voor de aanwezigheid daarvan en dan te doen wat ons hart ons ingeeft.

Een van mijn favoriete films is *The Wizard of Oz*, ik ben dol op de liedjes, het verhaal en de boodschap. In de film wordt Dorothy uit haar huis in Kansas geplukt en door de wind meegevoerd naar een vreemd, maar mooi land. Ze moet allerlei gevaren overwinnen en maakt avonturen mee op weg naar de stad van Smaragd. Onderweg ontmoet ze kameraden die haar helpen en die zij op haar beurt helpt. Maar het blijft haar doel om terug te keren naar huis, waar ze hoort. Dorothy krijgt de opdracht om de boze heks van het

Westen te doden. Hoewel ze groot gevaar loopt tijdens haar zoektocht, doodt ze de heks en bevrijdt ze alle mensen die onder de heerschappij van de heks hebben geleden. Uiteindelijk keert ze terug naar de stad van Smaragd en eist ze haar beloning op: dat ze terug naar huis kan. Maar op dat ogenblik zegt Glinda, de goede heks, tegen Dorothy: 'Je had de hele tijd al de macht om naar huis te gaan. Die zit in je robijnrode schoentjes. Je moest alleen eerst je lessen leren.'

Dorothy's reis is onze reis. Ook wij verlaten ons eeuwige huis en worden in deze vreemde en mooie wereld geboren. We moeten gevaren overwinnen en maken avonturen mee, in prachtige velden en donkere bossen. Ook wij zullen onderweg echte kameraden en een paar vijanden ontmoeten, en we zullen degenen die we ontmoeten helpen en door hen geholpen worden. Ons ultieme doel is altijd om terug naar huis te gaan, maar we moeten eerst onze lessen leren. Wanneer we dat doen, zullen we ontdekken dat we de hele tijd al de macht hadden om naar huis terug te keren. Het deel van de eeuwigheid dat we in ons meedragen, dat stukje Essentie, is net als de robijnrode schoentjes die we aanhebben, zonder dat we de macht ervan inzien. Maar als we onze Essentie erkennen en ons afstemmen op de goedheid, wijsheid en liefde ervan, zal ze ons altijd 'achter de regenboog' brengen, terug naar ons eeuwige huis.

Woord van dank

In mijn ruim dertigjarige loopbaan als spiritueel medium zijn er heel wat grote namen geweest die hun steentje hebben bijgedragen tijdens mijn lange reis. Mijn dank gaat uit naar mijn vertrouwde schrijfmaatje Victoria St. George van Just Write, die altijd precies lijkt te weten wat er te zeggen valt en hoe ik het wil zeggen. Ook ben ik dank verschuldigd aan mijn trouwe literair agent Wendy Keller van Keller Media Associates, die over de hele wereld mijn boeken vertegenwoordigt, evenals aan mijn vertrouwde advocaat Chase Mellen III en mijn televisieagent Hayden Meyer, die allebei zo voortreffelijk mijn zakelijke belangen in Los Angeles behartigen.

Nederland is intussen mijn tweede huis geworden, en ik ben veel dank verschuldigd aan alle geweldige mensen die me zo hartelijk hebben onthaald en mijn werk daar al ruim zes jaar lang hebben gesteund. Verder wil ik graag al mijn vrienden bij RTL4 bedanken, onder wie Erland Galjaard, Kim Koppenol en Rik Luijcx, en mijn publiciteitsagent Eva Peters, die zo hard hebben gewerkt om mijn tv-programma tot een succes te maken. Dankzij hen beroeren we overal in Nederland het leven en hart van de mensen en helpen we hen zich bewust te worden van hun Essentie. Lora Wiley, Borris Brandt en John de Mol, bedankt dat jullie me destijds hebben uitgenodigd om naar Nederland te komen. Een extra bedankje gaat uit naar Diana Gvozden en naar Martijn Griffioen, Oscar van Gelderen en iedereen bij Dutch Media: ik verheug me op een lange en prettige samenwerking met jullie! En aangezien *De Essentie* tegelijkertijd in Australië wordt gepubliceerd, wil ik ook graag Maggie Hamilton en haar team bij Allen Unwin bedanken, onder wie haar voortreffelijke publiciteitsagent, Kelly Doust.

Thuis in Michigan is mijn assistent Steve Bilicki mijn sterke rechterhand. Hij bekommert zich om alle details, zodat ik me kan concentreren op datgene waar ik het beste in ben. Bedankt voor al je inzet, Steve. In mijn kantoor zijn Judith Fussell en Marilyn Natchez een grote steun voor me geweest. Een bedankje is ook op zijn plaats voor mijn geweldige marketingspecialiste Corinda Carfora. Ik ben oprecht dankbaar voor het team van genezers die me onder hun hoede hebben genomen, onder wie dr. Jeffrey Nusbaum, dr. David Brownstein, dr. Jeff Fantich, dr. Robert Vinson, dr. Denise Gordon, Hetty Quarella, Julie Abbou, dr. Leonard Faye, Ann Hoffsteader en Deana Geisler.

Alle mediawerkers in Los Angeles ben ik dankbaar voor hun jarenlange steun van mijn werk: Wendy Walker, Larry King en iedereen van de *Larry King Live*-show; Joanne Salzman, Regis Philbin en iedereen van *Regis and Kelly*; Bradly Bessey, Linda Bell Blue, Bonnie Tiegel en Cheryl Woodcock van *Entertainment Tonight* en *The Insider*; Terry Wood, Carla Pennington en Robin McGraw en Sarah Goldsmith van Paramount; Dorothy Lucey en iedereen bij *Good Day L.A.*; en Jackie Olensky en Katie Murphy van de *Today Show* bij NBC.

Familie en vrienden spelen de belangrijkste rol in mijn leven, dus mijn eeuwige dank gaat uit naar mijn zussen, Alicia Tisdale en Elaine Lippitt, die de goedheid en reinheid van de Essentie van onze ouders in stand hebben gehouden, en ook naar hun gezinnen – Paul Tisdale, David Lippitt, Larry, Carolyn, Ronna, Linda, Lenny, Robin, Jason, Rachel, Lauren, Jordon en Ryan. Verder wil ik mijn andere 'moeder', Katherine Jeffereys, bedanken evenals mijn vrienden, onder wie Bob Sher, Jon Hirsh, Malcolm Mills, Becky Geyer en haar gezin, Mary Sarko, Linda Solomon, Danny Fantich, Mindy Levine, Gail Yancocek, Tisi Aylward, Alana Emhardt, Garth Ancier, Pennie Clark, Irena Medavoy, Lauren King, Chantal Cloutier, Craig Tomashoff, Diana Basehart, mijn dierbare vriend en collega John Edward, Brian en Carol Weiss, en Stuart en Derby Krasnow. Een speciaal bedankje is bestemd voor dr. Richard Saint, die enkele hoofdstukken in dit boek heeft beoordeeld en die ook in andere opzichten een positieve invloed op mijn leven heeft gehad. Hij is echt een 'heilige'!

Zoals altijd gaat mijn grootste dank uit naar de duizenden mensen die hun leven en hun hart hebben geopend en mij het voorrecht hebben gegund hun een reading te mogen geven. Elke reading stelt ons in de gelegenheid om samen de Essentie aan te raken, zowel hier op aarde als aan gene zijde. Hun verhalen vormen een onlosmakelijk deel van dit boek, en ik hoop dat ze mijn lezers een tiende van de inspiratie zullen geven die ze mij hebben gegeven. Hun voorbeelden herinneren ons allemaal aan de goedheid, wijsheid en liefde die ons allen verbindt.